La presse
en France
et en Allemagne
Une comparaison des systèmes

Presses Sorbonne Nouvelle
8 rue de la Sorbonne - 75005 Paris
Tel : 00 33 (0)1 40 46 48 02 - Fax : 00 33 (0)1 40 46 48 04
Courriel : psn@univ-paris3.fr

http://psn.univ-paris3.fr

Valérie Robert

La presse
en France
et en Allemagne
Une comparaison des systèmes

suivi d'un lexique
allemand-français de la presse

Presses
SORBONNE
NOUVELLE

Avant-propos

À quel point la presse allemande est-elle « allemande » ? À quel point la presse française est-elle « française » ? Quelles sont leurs spécificités respectives ?

Telles sont les questions qui seront traitées dans cette présentation croisée de la presse en France et en Allemagne, qui n'est pas une histoire comparée de la presse dans les deux pays. Procédant à un état des lieux actuel, on vise non seulement à décrire chacun des paysages de presse en tant que tel mais aussi – et surtout – à les mettre en relation l'un avec l'autre. Il s'agit de comparer terme à terme les systèmes pour décrire et expliquer autant les ressemblances que les divergences dans l'organisation, dans le modèle économique, dans le fonctionnement ainsi que dans les débats au sujet d'évolutions et de problèmes qui sont souvent les mêmes. Pour cela, l'ouvrage comprend 50 schémas et tableaux présentant de manière synthétique les données actuelles, un vocabulaire bilingue de la presse et une bibliographie bilingue.

La « décentration des regards » (Hubé, 2008 : 22) doit permettre de mieux saisir les spécificités, d'éclairer à l'aune de l'expérience d'un pays voisin des aspects qui pourraient sembler aller de soi. Nous tenterons d'interroger les clichés réciproques qui ont cours dans les représentations transmises par les médias eux-mêmes, de même que certaines idées fixes (ce sont parfois les mêmes) qui se sont « sédimentées dans le discours académique » (*ibid.* : 23). La diffusion ou l'entretien de stéréotypes est un risque inhérent à la démarche comparative qui, pour mieux faire comprendre la société de l'autre pays, peut tendre à simplifier, à amplifier les contrastes. On tentera ici d'éviter cet écueil, tout comme celui d'un comparatisme à visée normative qui ferait apparaître un des deux systèmes décrits comme « en avance » ou « en retard » (Lemieux, 2004 : 33). Il s'agira plus – ou moins ? – modestement de décrire et de mettre en relation la structuration propre de chacun des deux systèmes et les représentations et pratiques journalistiques qui les caractérisent.

Ce livre est le fruit d'une expérience d'enseignement de plus de dix ans dans le cadre du master professionnel « Formation à la pratique du journalisme européen, parcours franco-allemand », de la licence franco-allemande et de la licence allemand/communication de l'université Sorbonne nouvelle – Paris 3. Par leur curiosité, leurs questions, leurs exposés et les discussions qu'ils ont suscitées, les étudiant(e)s ont largement contribué à ce que ce livre existe ; qu'ils/elles en soient chaleureusement remercié(e)s.

Jean-Claude Sergeant et Nicolas Hubé ont accepté de relire le manuscrit ; leur expertise a été précieuse et je les remercie vivement pour leurs conseils et remarques. Es sei schließlich auch all denjenigen im Dunkeln, die man bekannterweise nicht sieht, herzlichst gedankt: Pierre Brunet, Élisabeth Robert, Pierre Robert und Jürgen Ritte.

1

Consommation des médias

Y a-t-il un « modèle allemand » et un « modèle français » de la presse ? Pour répondre à cette question, on peut commencer par comparer les habitudes de consommation des médias dans les deux pays.

Dans un sondage mené en 2011 auprès de Français âgés de 18 ans et plus, autour de 80 % des personnes interrogées disent s'informer principalement par la télévision (sondage TNS Sofres / La Croix), la radio n'atteignant qu'un score de 44 %, suivie par la presse écrite (38 %) et Internet (27 %). Lorsque l'on interroge des Allemands de plus de 14 ans, 69 % déclarent en 2010 avoir eu recours à la télévision pour s'informer, 50 % au journal, 35 % à la radio et enfin 16 % à Internet, un chiffre en nette augmentation (Allensbacher Markt- und Werbeträgeranalyse ; BDZV).

En France, toujours selon le même sondage, la radio est en tête en termes de crédibilité (pour 57 % de la population interrogée), suivie du journal (49 %), de la télévision (46 %) et d'Internet, dont l'image est différente selon que l'on pratique ce média ou pas. Quand on demande aux Allemands, en 2010, d'attribuer un prédicat aux différents médias, l'adjectif « fiable » est choisi pour la télévision par 63 % des personnes interrogées, 60 % pour les quotidiens, 49 % pour la radio et 29 % pour Internet (Mediaperspektiven, 2010 ; ARD-ZDF-Medienkommission, 2010).

La presse quotidienne semble donc jouir en Allemagne d'un statut particulier par rapport à la France : on l'utilise davantage pour s'informer, et elle est davantage considérée comme fiable. Cependant, en temps consacré aux différents médias, la télévision est en tête dans les deux pays (schéma 1a).

Dans la comparaison européenne, la France et l'Allemagne se situent au milieu de l'échelle, entre des pays du Sud à fort taux de chômage et forte proportion de femmes au foyer, et des pays du Nord et assimilés, où le taux de chômage est plus bas et l'emploi des femmes plus développé.

La différence de 10 minutes par jour entre la France et l'Allemagne s'explique par des modes de vie différents, qui induisent aussi une consommation plus impor-

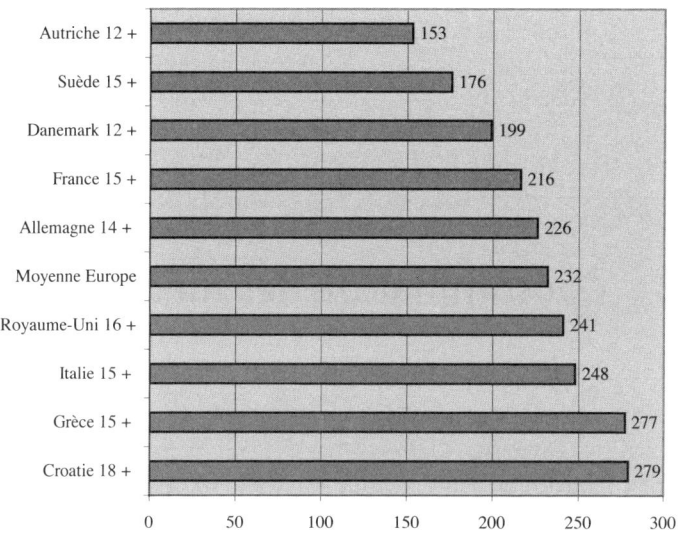

Consommation de la télévision en mn par jour (2009)

Pays	Minutes
Autriche 12 +	153
Suède 15 +	176
Danemark 12 +	199
France 15 +	216
Allemagne 14 +	226
Moyenne Europe	232
Royaume-Uni 16 +	241
Italie 15 +	248
Grèce 15 +	277
Croatie 18 +	279

Schéma 1a
Sources : *Television – International Key Facts*

tante de la presse. Le temps de travail moyen n'est pas le même dans les deux pays. Selon l'OCDE, on travaillait en 2009 en moyenne 164 heures de moins par an en Allemagne, soit 10,5 % de temps travaillé en moins qu'en France, temps disponible pour d'autres activités. Autre spécificité culturelle : le rythme scolaire, qui en Allemagne se caractérise encore largement par des après-midi libres pour les enfants et adolescents. L'Allemagne se caractérise aussi par des variations locales, liées au taux de chômage : on regarde la télévision en moyenne 42 minutes de plus par jour dans les nouveaux *Länder* (ancienne RDA), où le taux de chômage moyen est le double de celui que connaissent les *Länder* de l'Ouest.

Au vu de ces éléments, il n'est pas surprenant que le temps consacré à la radio soit lui aussi un peu plus important en Allemagne qu'en France (schéma 1b).

Les médias audiovisuels occupent une large partie du temps libre, tant en France qu'en Allemagne, et le temps consacré à la presse est nécessairement beaucoup moins important.

On ne dispose pas de chiffres comparables pour le temps consacré à la lecture de la presse magazine en France et en Allemagne. Celle-ci est beaucoup moins étudiée que la presse quotidienne, car c'est cette dernière qui est traditionnellement considérée comme un média formant l'opinion. On peut toutefois observer que, contrairement à ce que l'on constate pour la presse quotidienne (voir chapitres 6 et 7), l'audience des magazines (le pourcentage de lecteurs dans la population) est un peu plus élevée en France qu'en Allemagne, alors même que le nombre de titres et leur diffusion sont plus élevés en Allemagne (schéma 2).

Valérie Robert

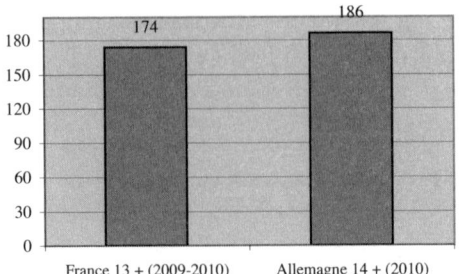

Durée d'écoute de la radio en minutes par jour

Schéma 1b
Sources : Médiamétrie 2009-2010 ; ARD-ZDF-Medienkommission, 2010

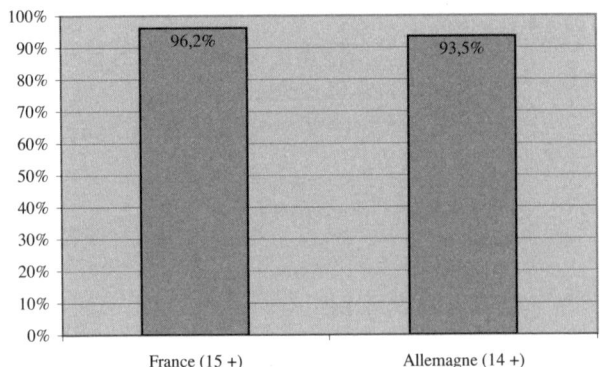

Audience de la presse magazine (2010)

Schéma 2
Sources : Media Analyse, Audipresse

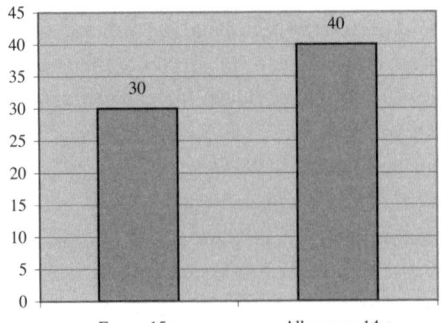

Lecture de la presse quotidienne en minutes par jour (2009)

Schéma 3
Sources : EPIQ, ZMG

C'est dans le domaine de la presse quotidienne que les différences entre les deux pays sont réellement significatives (schéma 3). Les Allemands passent tous les jours un tiers de temps de plus que les Français à lire la presse quotidienne. Plusieurs facteurs entrent en jeu : l'emploi du temps différent évoqué plus haut, mais aussi la nature de l'offre (le nombre de titres, leur diffusion, leur prix, leur mode de distribution, leur taille et leur contenu, voir chapitre 6).

Tableau 1 : Nombre de titres de quotidiens grand public (2009)
Sources : WAN, OJD, BDZV

		Nombre de titres de quotidiens			Nombre de titres par million d'habitants (population adulte)
France	Payants	81 **dont :** 14 nationaux 67 régionaux	Total	94	1,9
	Gratuits	13			
Allemagne	Payants	1 509 *redaktionelle Ausgaben* (éditions différentes des mêmes titres) 351 *Verlage als Herausgeber* (titres différents) 134 *publizistische Einheiten* (unités rédactionnelles complètes) **dont :** 333 régionaux 10 suprarégionaux 8 *Kaufzeitungen*	Total	134	5,0
	Gratuits	0			

Quelques explications s'imposent quant aux catégories utilisées dans le tableau 1 pour désigner les différents types de quotidiens. On parle en Allemagne de *Zeitung* pour désigner tout produit d'information imprimé sur papier journal, en distinguant selon la périodicité entre *Tageszeitung* (quotidien), *Wochenzeitung* (un hebdomadaire comme *Die Zeit*) et *Sonntagszeitung* (journal du dimanche).

On classe les quotidiens selon leur mode de vente principal : abonnement ou vente au numéro. Dans le premier cas, on parle de *Abonnementzeitungen* (ou *Abozeitungen*). Dans le second cas, on parle de *Straßenverkaufzeitungen* (journaux vendus dans la rue), de *Kaufzeitungen* ou encore de *Boulevardpresse* (presse de boulevard). À l'origine, ce dernier terme indiquait simplement le lieu de vente, sans jugement sur la qualité. Il porte désormais aussi sur le contenu, et l'on peut le traduire par « presse de caniveau » ou « presse tabloïd » (un terme ambigu car il désigne aussi un format de journal). Nous parlerons ici de *Kaufzeitungen*, qui est le terme employé par les chercheurs allemands.

Valérie Robert

En nombre de titres de quotidiens payants, l'Allemagne est le premier pays européen et le 8ᵉ mondial (WAN-IFRA, 2010), alors que la France se classe à la 4ᵉ place européenne et à la 21ᵉ place mondiale. Toutes catégories confondues, il y a en Allemagne 3,7 fois plus de titres quotidiens différents qu'en France (voir aussi schéma 22 p. 63).

Il faut toutefois tenir compte du fait que de nombreux titres régionaux allemands (ou du moins ce que l'on appelle leur « manteau ») sont en partie produits par une même rédaction centrale, dans un système très développé et complexe de coopération rédactionnelle entre titres et entre groupes. On trouve aussi des *Redaktionsgemeinschaften* (communautés rédactionnelles) entre titres différents. Si l'on regarde le nombre de « vrais » titres, c'est-à-dire le nombre de rédactions indépendantes (les *publizistische Einheiten*, « unités rédactionnelles »), on arrive pour 2009 à 134, un chiffre qui reste supérieur de plus de 40 % à ce que l'on trouve en France.

L'écart est donc considérable : les Allemands ont tout simplement plus de quotidiens différents à leur disposition que les Français. Ceci peut permettre d'expliquer un temps plus long consacré à leur lecture ; certes, chaque Allemand n'a pas tous ces titres à sa disposition, mais de nombreux Allemands lisent plus d'un quotidien. Enfin, si l'on rapporte le nombre de titres à la population adulte, la différence entre les deux pays est considérable, quasiment du simple au triple.

La différence quantitative dans l'offre est particulièrement remarquable en presse régionale et locale, beaucoup plus développée en Allemagne qu'en France. La structure fédérale se reflète donc dans l'organisation du marché des quotidiens tout comme dans leur consommation par les lecteurs.

Dans une certaine catégorie de journaux, par contre, la France est en tête : il s'agit des quotidiens gratuits, pour lesquels la France se classe au 4ᵉ rang mondial quant au nombre de titres, alors que l'on ne trouve pas de journaux de ce type en Allemagne (voir chapitre 6). Pour autant, cette divergence ne compense pas des habitudes de lecture différentes et une offre moins développée en France. En effet, l'arrivée des quotidiens gratuits en 2002 ne semble pas avoir fait augmenter le temps moyen passé à lire la presse quotidienne, probablement pour deux raisons : les gratuits sont conçus pour être lus rapidement, et la lecture de la presse quotidienne payante est en baisse.

À ces médias traditionnels s'ajoute désormais Internet, qui peut être considéré à la fois comme un nouveau média concurrent et comme un support des médias traditionnels, en particulier la presse.

Le temps passé sur Internet était en Europe en moyenne de 24 h 20 par mois en 2010. Pour la France et l'Allemagne, les données sont assez proches de cette moyenne : environ 24 heures pour la France et 28 heures pour l'Allemagne, alors que d'autres pays présentent des chiffres bien plus contrastés, 32 heures aux Pays-Bas et 16 heures en Italie (ComScore, *Europe Digital Year in Review 2010*, 2011) (schéma 4).

En pourcentage d'individus utilisant Internet, l'Allemagne et la France présentent également des chiffres très proches, nettement supérieurs à la moyenne européenne, mais n'atteignant pas le niveau très élevé des Pays-Bas. On estime que 99 % des

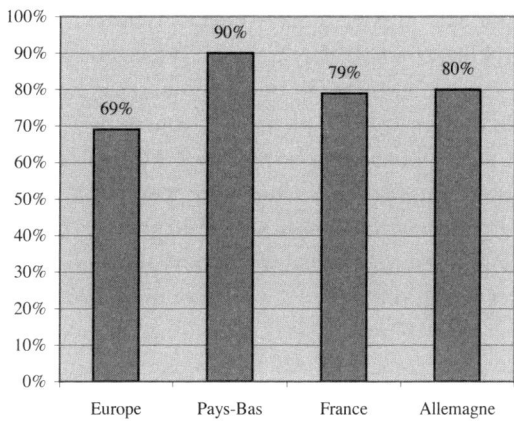

Utilisateurs d'Internet en pourcentage de la population (2010)

Schéma 4
Source : Eurostat

12-17 ans sont connectés en France (Credoc) et 100 % des 14-19 ans en Allemagne (Mediaperspektiven, 2010). Il y a une différence en Allemagne entre l'Ouest et l'Est, où les internautes sont moins nombreux.

Le nombre de visiteurs uniques est plus élevé en Allemagne, où il est d'ailleurs en 2010 le plus élevé d'Europe, ce qui s'explique par les chiffres de la population (81 millions d'habitants contre 65 millions en France). Le schéma 5 montre que l'utilisation d'Internet augmente dans les deux pays, avec une augmentation plus rapide en Allemagne : + 23,25 % entre 2009 et 2010, contre + 13,3 % pour la France.

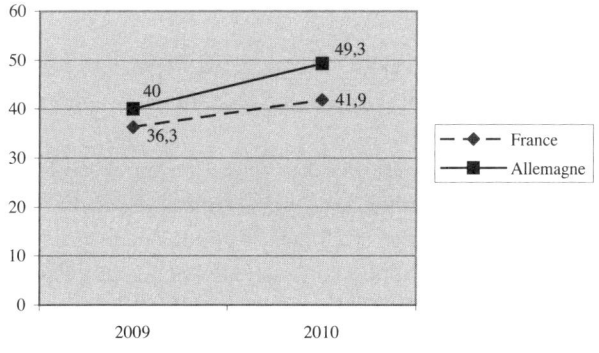

Visiteurs uniques (en millions)

Schéma 5
Source : ComScore, *Europe Digital Year in Review 2010*

Dans les deux pays, le taux de pénétration d'Internet est un peu plus faible chez les femmes. La différence est plus marquée en Allemagne entre les tranches d'âge, entre *digital natives*, ces « natifs du numérique » qui ont grandi dans un environnement numérique, et *digital immigrants*, pour qui cet univers est une découverte plus tardive. Les évolutions récentes sont cependant similaires : augmentation du nombre des *silver surfers* (les internautes les plus âgés), féminisation, baisse de la surreprésentation des jeunes parmi les internautes, développement des équipements et donc des nouveaux usages.

Si l'ordinateur reste le moyen le plus utilisé, la consommation d'Internet sur *smartphones* et tablettes augmente très rapidement. On constate également dans les deux pays un développement de la multiconnexion (connexion sur plusieurs types d'écrans) et une augmentation de la multiactivité, c'est-à-dire l'utilisation en parallèle de plusieurs médias (le plus souvent la radio et Internet). Le budget temps consacré aux médias n'étant pas indéfiniment extensible, des rééquilibrages vont probablement avoir lieu entre médias, ce qui pourrait bien se faire au détriment de la presse.

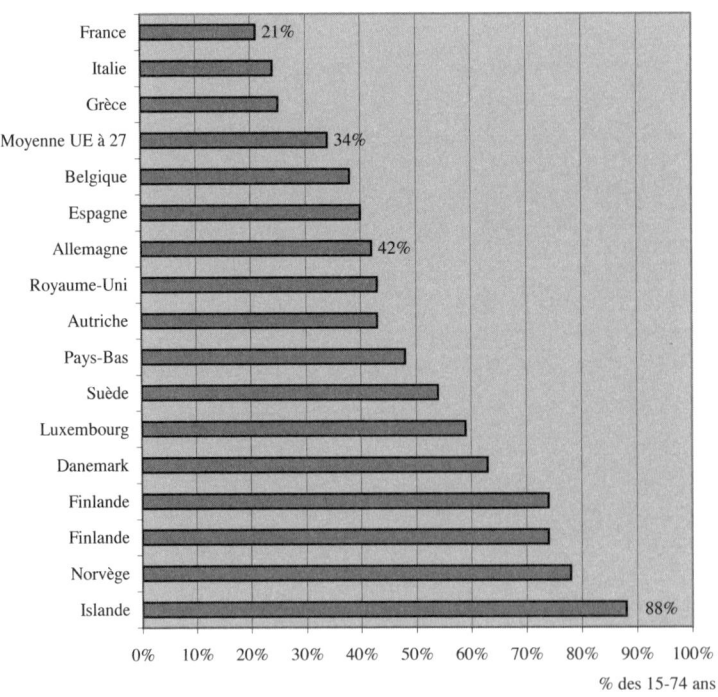

Particuliers ayant utilisé Internet pour lire/télécharger des journaux/magazines d'information en ligne (2010)

Schéma 6
Source : Eurostat

En ce qui concerne la lecture de la presse en ligne, les comportements dans les différents pays d'Europe sont tout à fait cohérents avec la lecture de la presse papier (voir schéma 22 p. 63). On retrouve à nouveau un contraste entre pays du Nord et pays du Sud, avec un écart encore plus grand entre la France et l'Allemagne : en Allemagne, le pourcentage des lecteurs de la presse sur Internet dans la population est le double de celui de la France.

2

Statut de la presse et rôle de l'État

CADRE JURIDIQUE

1. Liberté de la presse

En France, l'article 11 de la *Déclaration des droits de l'homme et du citoyen* de 1789, intégré dans le préambule de la Constitution, stipule que

> la libre communication des pensées et des opinions est un des droits les plus précieux de l'homme ; tout citoyen peut donc parler, écrire, imprimer librement, sauf à répondre de l'abus de cette liberté dans les cas déterminés par la loi.

La liberté de la presse se déduit de ce principe de liberté de communication (Beignier *et al.* (éds), 2009 : 72), et « la liberté, le pluralisme et l'indépendance des médias » ont été en 2008 explicitement ajoutés à la Constitution.

En Allemagne, la liberté d'expression a été établie bien plus récemment ; en réaction aux limitations dont elle a fait l'objet durant la période nazie, ses différents champs d'application sont énumérés en détail. L'article 5 de la Loi fondamentale (*Grundgesetz*) de 1949 prévoit que

> chacun a le droit d'exprimer et de diffuser librement son opinion par la parole, par l'écrit et par l'image, et de s'informer sans entraves aux sources qui sont accessibles à tous. La liberté de la presse et la liberté d'informer par la radio, la télévision et le cinéma sont garanties. Il n'y a pas de censure. Ces droits trouvent leurs limites dans les prescriptions des lois générales, dans les dispositions légales sur la protection de la jeunesse et dans le droit au respect de l'honneur personnel.

2. Lois sur la presse

La presse relève en France de la loi sur la liberté de la presse de 1881, complétée depuis par plusieurs autres lois sur le statut juridique de la presse, la dernière datant de 1986.

En Allemagne, selon le *Grundgesetz*, la presse relève de la compétence législative des *Länder*. La possibilité, prévue par l'article 75, que l'État fédéral édicte une loi-cadre n'a pas été utilisée, en raison de l'opposition des entreprises de presse, et cet article a été supprimé en 2006. Chaque *Land* s'est doté d'une loi sur la presse (parfois intégrée dans une loi plus vaste sur les médias), rédigée sur la base d'un modèle proposé par la conférence permanente des ministres de l'Intérieur des *Länder*. Ces lois, très similaires, reprennent le principe de liberté de la presse énoncé dans le *Grundgesetz*. Certains nouveaux *Länder* établissent un contraste explicite avec la RDA, ainsi la loi sur la presse du Brandebourg spécifie qu'« une presse libre, non dirigée par la puissance publique, soumise à aucune censure, est un élément constitutif de l'État libre et démocratique ».

On considère en France que la presse a un rôle d'« intérêt public » (Albert, 2008 : 59) ou d'« intérêt général » (Le Floch et Sonnac, 2005 : 9). Ce rôle est encore plus clair en Allemagne : les lois sur la presse des *Länder* mentionnent que « la presse remplit une mission d'intérêt public » (*öffentliche Aufgabe*). Certains *Länder* ajoutent que cette mission s'accomplit en particulier lorsque la presse se procure et diffuse des informations dans des domaines d'intérêt public, lorsqu'elle prend position, critique ou participe d'une autre manière à la formation de l'opinion.

3. Restrictions à la liberté de la presse : la protection de la vie privée

La liberté de la presse se heurte à la protection de la vie privée, qui relève des droits de la personnalité. L'équilibre entre ces deux exigences parfois contradictoires est fixé de manière différente dans les deux pays, ce qui explique certaines différences dans le contenu des journaux.

En France, l'article 9 du Code civil dispose que « chacun a droit au respect de sa vie privée » et le Code pénal (articles 226-1 et suivants) punit l'atteinte à l'intimité de la vie privée, constituée par la captation, l'enregistrement, la transmission et la fixation des paroles (lorsqu'elles sont tenues à titre privé ou confidentiel) ou de l'image d'une personne se trouvant dans un lieu privé, sans son consentement. Cependant,

> la jurisprudence a toujours considéré que la liberté d'expression pouvait parfois faire échec au respect de la vie privée et au droit à l'image, en considérant que le public peut avoir un intérêt légitime à avoir connaissance d'un fait relevant de la vie privée ou d'une photo protégée par le droit à l'image. (Beignier *et al.* (éds), 2009 : 911)

Ainsi, afin d'évaluer s'il y a atteinte à la vie privée (en particulier au droit à l'image), les tribunaux prennent de plus en plus en compte la complaisance manifestée par

certains (hommes et femmes) politiques quand il s'agit d'instrumentaliser leur vie privée à des fins électorales. Cependant, les textes réglementaires « n'opèrent aucune distinction selon que la personne est célèbre ou non » (*ibid.* : 931).

En Allemagne, la question se pose également de la hiérarchie entre droits de la personnalité et liberté d'expression garantie par le *Grundgesetz*. Le droit à l'image est garanti par le *Kunsturheberrechtsgesetz* (loi sur la propriété intellectuelle dans le domaine artistique), articles 22 et suivants, qui prévoit cependant une exception lorsque les images relèvent de « l'histoire contemporaine » (*Zeitgeschichte*). La jurisprudence allemande a développé le concept de « personnalité absolue de l'histoire contemporaine » (*absolute Person der Zeitgeschichte*) : les personnes relevant de cette catégorie pouvaient être photographiées et voir leur image diffusée sans leur autorisation, car on considérait que les informations à leur sujet présentaient un intérêt particulier pour le public. L'expérience historique de la mainmise totale sur les médias durant la période nazie fait que l'on « attache une importance considérable à la liberté de la presse et à la liberté d'expression qui supplantent, dans bien des cas, la protection des droits individuels » (Wolfer, 2007 : 40), ce qui se traduit également par l'existence d'une presse de boulevard très puissante (voir chapitre 6). Wolfer (2007) donne un exemple très parlant de la différence entre la France et l'Allemagne : pour le même reportage sur le prince de Monaco paru en 2005 dans *Paris Match* et *Bunte*, le magazine français a été condamné à de lourds dommages-intérêts, alors qu'en Allemagne, le tribunal a jugé que le plaignant, en tant que « personnalité absolue de l'histoire contemporaine », devait tolérer des atteintes à sa vie privée.

La jurisprudence européenne a cependant mis en question cette différence de traitement selon le degré de célébrité des individus. Dans le *Caroline-Urteil* (l'arrêt Caroline de Monaco) de 2004, la Cour européenne des droits de l'homme a jugé qu'on ne peut publier des photos de célébrités que si ces images « servent à la formation de l'opinion au sujet de questions d'intérêt public », ce qui est rarement le cas dans la presse de boulevard. De plus, l'article 8 de la Convention européenne des droits de l'homme stipule que « toute personne a droit au respect de sa vie privée ». Dans son jugement de juin 2004, la Cour européenne des droits de l'homme a considéré « la protection du droit au respect de la vie privée comme un but légitime susceptible de justifier une ingérence dans la liberté d'expression du journaliste » (Beignier *et al.* (éds), 2009 : 179) et a opéré pour la première fois une distinction entre presse d'information et presse people, limitant donc uniquement pour cette dernière le principe de liberté d'expression.

En Allemagne, les éditeurs ainsi que nombre de journalistes ont réagi avec vigueur à ce jugement, estimant qu'il empêcherait toute forme de « journalisme d'investigation », et ont demandé au gouvernement de faire appel auprès de la Cour européenne. Le gouvernement Schröder s'y est refusé, soutenu par les députés, jugeant que la liberté de la presse n'était pas en danger. Il est possible que les politiques allemands aient accueilli ce jugement plutôt avec soulagement, voyant eux aussi leur vie privée mieux protégée de la curiosité de la presse de boulevard.

La jurisprudence allemande a évolué depuis cet arrêt : des arrêts de la Cour fédérale de justice (*Bundesgerichtshof*) et de la Cour constitutionnelle fédérale (*Bundesverfassungsgericht*) ont mené à l'abandon de la notion de « personnalité absolue ». La question de savoir si des images relèvent de l'histoire contemporaine et doivent donc être autorisées est désormais réglée au cas par cas. Il demeure néanmoins qu'en Allemagne, une personne suscitant l'intérêt du public se voit plus souvent contrainte de tolérer la publication de photos la représentant.

4. Statut de l'entreprise de presse

La presse est-elle considérée comme une entreprise relevant du marché comme n'importe quelle autre entreprise, ou bien bénéficie-t-elle d'un statut particulier dû à sa mission d'intérêt général et à son rôle dans la formation de l'opinion ? De la réponse à cette question découle la possibilité d'une intervention de l'État dans la régulation de la presse.

En Allemagne, l'entreprise de presse n'a pas de statut particulier. Les lois sur les médias des *Länder* énumèrent toutefois quelques exigences : *Sorgfaltspflicht* (obligation de vérifier soigneusement la véracité, le contenu et l'origine de toutes les informations), *Impressumspflicht* (obligation d'indiquer les noms de l'imprimeur, de l'éditeur et du rédacteur en chef), *Gegendarstellung* (droit de réponse), séparation de la publicité et de la partie rédactionnelle.

On trouve par contre dans le droit français quelques éléments d'un statut spécifique pour l'entreprise de presse (Derieux et Granchet, 2010a : 71). La loi du 1er août 1986 a réformé le statut juridique de la presse, en atténuant les contraintes qui avaient été mises en place après la Libération (voir par exemple Albert, 2008 : 52), mais elle a maintenu des obligations spécifiques de transparence, d'indépendance et de pluralisme. Les lecteurs doivent pouvoir identifier les propriétaires d'une publication. Le principe d'indépendance limite la participation d'étrangers (hors Union européenne) à 20 % maximum du capital d'une entreprise de presse et interdit le financement par un gouvernement étranger. Il interdit également de présenter de la publicité comme un contenu rédactionnel sans le signaler. Enfin, le principe de pluralisme vise à limiter la concentration dans le domaine de la presse quotidienne. C'est ce dernier principe, affirmé dans les deux pays, qui fait des entreprises de presse des entreprises bien particulières.

5. Pluralisme et réglementation anti-concentration

Dans les deux pays, le principe de liberté d'expression entraîne celui du pluralisme des opinions, et des législations anti-concentration permettent à l'État d'agir comme régulateur dans le sens d'un maintien du pluralisme.

En France, le Conseil constitutionnel a jugé en 1984 que

la libre communication des pensées et des opinions ne serait pas effective si le public auquel s'adressent les quotidiens n'était pas à même de disposer d'un nombre suffisant de publications de tendances et de caractères différents. L'objectif à réaliser est que les lecteurs soient à même d'exercer leur libre choix sans que ni les intérêts privés ni les pouvoirs publics puissent y substituer leur propre décision ni qu'on puisse en faire l'objet d'un marché. (Derieux et Granchet, 2010a : 160)

Il s'agit d'éviter une trop grande concentration de la propriété de la presse, afin de permettre à toutes les opinions de s'exprimer.

La loi du 1er août 1986 interdit – *uniquement* pour la presse quotidienne d'information politique et générale – toute acquisition ou prise de contrôle qui permettrait de dépasser 30 % de la diffusion sur le territoire national (*ibid.* : 85). S'ajoute à cela, par la loi du 30 novembre 1986 sur la communication audiovisuelle, la règle des « deux situations sur trois » : une même entreprise ne peut cumuler plus de deux médias parmi la presse quotidienne d'information politique et générale, la télévision hertzienne et la radio. Le seuil de 30 % est extrêmement élevé, et on ne saurait considérer ces règles comme un verrou anti-concentration empêchant la constitution de grands groupes de presse, d'autant plus qu'elles ne tiennent pas encore compte d'Internet.

Les règles anti-concentration dans la presse ne sont en Allemagne qu'une déclinaison des réglementations générales appliquées par le *Bundeskartellamt* (l'Office fédéral anti-cartels). Alors qu'on mesure en France la part de la diffusion globale, on mesure en Allemagne les chiffres d'affaires respectifs des entreprises concernées. Le principe du pluralisme des médias ayant une valeur constitutionnelle, cela a conduit à abaisser, pour les entreprises de presse, les seuils à partir desquels le *Bundeskartellamt* est amené à se prononcer sur des rachats ou fusions d'entreprises et le cas échéant à les interdire en raison d'un risque de position dominante. La *Presserechenklausel* (clause de calcul pour la presse) de la loi anti-cartels, introduite en 1976, fixe le seuil à un chiffre d'affaires annuel de 25 millions d'euros pour les entreprises concernées, soit un vingtième du seuil utilisé pour les autres types d'entreprises. Le *Bundeskartellamt* peut ainsi être amené à se prononcer même pour des achats ou fusions sur des marchés locaux assez réduits (Dörr et Schwartmann, 2010 : 155). Les entreprises concernées peuvent demander une autorisation ministérielle qui permet de contourner un veto de l'instance anti-concentration, mais cette autorisation doit être justifiée par un « intérêt supérieur de la collectivité ». Des autorisations de ce type ont été délivrées à plusieurs reprises, et les éditeurs de presse n'ont pas hésité à faire jouer ce levier en menaçant de suppressions d'emplois en cas de refus. La question se pose par ailleurs d'une éventuelle nouvelle définition de la notion de « position dominante », intégrant les marchés voisins de l'audiovisuel et d'Internet (voir chapitre 5). Les éditeurs allemands réclament un assouplissement de cette réglementation anti-concentration ; le gouvernement Merkel a déclaré être prêt à accéder rapidement à cette demande

dès que les acteurs du secteur présenteraient une proposition commune (*Werben & Verkaufen*, 19/09/2011).

REPRÉSENTATIONS DES RÔLES
DE L'ÉTAT ET DU MARCHÉ

Le problème qui se pose est donc la « difficulté de concilier le pluralisme indispensable de la presse avec les contraintes économiques du marché » (Albert, 2008 : 31). À ce sujet, deux conceptions s'affrontent. La première veut que la meilleure garantie du pluralisme soit la loi du marché et de la concurrence, et donc un statut exclusivement privé de l'entreprise de presse. La deuxième veut au contraire que l'État, afin de garantir le pluralisme, encadre le marché et contribue à déterminer les conditions économiques. On peut distinguer différents « modèles de presse » selon les relations plus ou moins étroites que les entreprises de presse entretiennent avec l'État (Le Floch et Sonnac, 2005 : 7).

On pourrait considérer que l'Allemagne relève du premier cas de figure et la France du second, et considérer les deux systèmes comme radicalement opposés. C'est cette représentation que l'on rencontre souvent les médias allemands lorsqu'il est question du système français. Or la situation est plus nuancée, et s'il est vrai que le rapport de la presse à l'État est, pour des raisons historiques, différent en France et en Allemagne, on peut cependant constater un certain rapprochement dans les débats menés à ce sujet.

En France, l'intervention de l'État se traduit à la fois par des aides financières à la presse et par différentes initiatives, comme les « États généraux de la presse » organisés par l'Élysée en 2008. Comment expliquer cette intervention dans un domaine qui relève de l'entreprise privée ?

Les éditeurs français considèrent que « le gouvernement est dans son rôle en évitant qu'une part substantielle de la presse d'information politique s'effondre »[1]. Cette conception, partagée par tous les partis politiques après la Libération (Hubé, 2008 : 49), a donné naissance à un système d'aides mais aussi, à l'époque, de contrôle des prix et de la pagination dont les aides actuelles sont un résidu. Le principe est de garantir l'égalité entre les titres en aidant à perdurer des titres qui ne seraient pas viables économiquement. La base de ce raisonnement est une théorie du « droit du public à l'information » (Derieux et Granchet, 2010a : 60), qui explique le « paradoxe de l'intervention publique » en France : « l'appel à l'intervention publique,

---

1   Pierre Haski, « L'État décide de financements aux sites d'information en ligne », Rue89, 30/12/2009, http://www.rue89.com/making-of/2009/12/30/letat-decide-de-financements -aux-sites-dinformation-en-ligne-131784, page consultée le 24/07/2011.

afin qu'en découle une plus grande liberté pour la presse et garantir le pluralisme (sic) » (*ibid.* : 119).

Alors même que des aides à la presse avaient été fortement développées par le régime de Vichy, dans le cadre d'une mainmise politique sur les médias, le principe en est conservé après la Libération avec un objectif en principe inverse, assister et subventionner la presse « parce qu'elle est considérée comme la garante du pluralisme démocratique » (Eveno, 2003 : 143) et parce qu'elle « contribue de manière essentielle à l'information des citoyens et à la diffusion des courants de pensées et d'opinions »[2].

En Allemagne, on tire la leçon inverse de l'expérience historique d'une instrumentalisation totale des médias par la propagande nazie : la « crainte de l'État [est] structurante des représentations professionnelles » (Hubé, 2008 : 38), une crainte renforcée encore par l'expérience du contrôle des médias en RDA. La jurisprudence du *Bundesverfassungsgericht* a développé la notion de *Staatsfreiheit der Medien* (liberté des médias par rapport à l'État), et c'est uniquement dans le respect de ce principe que l'État a pour mission de garantir le pluralisme des contenus et des opinions. L'État a donc aussi pour fonction de fournir un cadre garantissant cette liberté par rapport à l'État. Il ne peut intervenir pour garantir le pluralisme qu'en agissant de manière strictement neutre, et des mesures contre la concentration ne peuvent mener à une influence ou un jugement de valeur sur les contenus. Ce principe a des conséquences en ce qui concerne la définition d'éventuelles aides financières de l'État à la presse.

AIDES DE L'ÉTAT À LA PRESSE

Ce qui distingue l'Allemagne et la France, c'est donc « la place attribuée à l'économie et à l'État dans la reconstruction des espaces journalistiques nationaux à l'issue de la Seconde Guerre mondiale » (Hubé, 2008 : 37). De ces représentations différentes découlent des pratiques différentes d'aides publiques à la presse. La France possède un vaste dispositif d'aides qui « s'est étoffé, complexifié, sédimenté » (Cardoso, 2010 : 3). En Allemagne, des aides existent également, mais de manière beaucoup moins développée ; elles ne sont toutefois pas exclues par principe. Il s'agit bien dans les deux pays d'« aides au pluralisme », mais cette notion même est interprétée différemment.

---

2   Ministère de la Culture et de la Communication, http://www.ddm.gouv.fr/rubrique. php3?id_rubrique=27, page consultée le 24/07/2011.

1. Le problème de la répartition

Le principal problème évoqué en Allemagne est celui de la liberté de la presse par rapport à l'État et celui, qui en est inséparable, de la répartition entre les différentes publications d'éventuelles aides à la presse. Une décision du *Bundesverfassungsgericht* de 1989 n'interdit pas par principe ces aides, mais lie leur éventuelle attribution à certaines conditions : éviter que ces aides puissent influer sur le contenu et qu'elles puissent entraîner une distorsion de la concurrence et interférer avec les lois du marché. Le premier point est celui qui est toujours évoqué en Allemagne, et il est lié à l'expérience historique. La jurisprudence du BVG autorise l'État à différencier entre les organes de presse, mais uniquement selon des critères dits *meinungsneutral*, c'est-à-dire neutres par rapport aux opinions défendues par les publications. La difficulté réside bien sûr dans la définition de tels critères (Schütz, 1999 : 118). On peut cependant noter que la possibilité juridique existe d'aides de l'État allant plus loin que les aides indirectes distribuées à tous telles qu'elles existent.

En France, la position officielle est que l'exigence de neutralité dans la répartition des aides permet d'éviter toute distorsion de la concurrence (note de la DGMIC citée par Cardoso, 2010 : 40). Pourtant, des chercheurs français considèrent au contraire que « par leur caractère non sélectif, ces aides produisent certains effets pervers. En soutenant à la fois des entreprises rentables et des journaux économiquement fragiles, elles contribuent à creuser les écarts entre titres » (Chupin *et al.*, 2009 : 94).

La France connaît cependant également des aides ciblées, ce qui, d'un point de vue allemand, suscite des interrogations quant aux critères de sélection, à une possible distorsion de la concurrence et surtout aux possibilités d'influence de l'État (voire du gouvernement) sur les contenus, en contrepartie de ce soutien financier. La jurisprudence française sur cette question est très révélatrice de la position française : même des aides ciblées sur la base de critères qui ne sont pas exclusivement techniques ne sont pas considérées comme une ingérence de l'État ni comme une distorsion de la concurrence (Beignier *et al.* (éds), 2009 : 332).

2. Une exception française ?

La France n'est pas le seul pays où la presse soit aidée par l'État ; ce qui distingue le système français, en particulier par rapport à l'Allemagne, c'est l'ampleur et la nature de ces aides. En Autriche, en Belgique, au Danemark, au Luxembourg, aux Pays-Bas et en Suède, la presse bénéficie d'aides directes. Au Danemark, aux Pays-Bas et dans la communauté flamande de Belgique, l'aide à la presse est liée à la réalisation de projets particuliers (Loridant, 2004). La plupart des pays européens pratiquent un taux réduit de TVA pour les produits de presse, ce qui constitue une aide indirecte : 0 % au Royaume-Uni, taux superréduit de 2,1 % en France et de 4 % en Espagne, taux réduit de 6 % en Suède et de 7 % en Allemagne. En mai 2011, l'Association européenne des éditeurs de journaux a invité la Commission européenne à exonérer totalement de TVA les journaux et leurs éditions en ligne. Même aux États-Unis, la

presse bénéficie d'aides fiscales et d'aides postales, et « le journalisme américain n'est pas que le produit du libre marché, mais un système hybride d'entreprise privée et de soutien public »[3].

Les aides à la presse ne sont donc pas une « exception française », même s'il faut distinguer selon la nature de ces aides (aides directes *vs* aides indirectes, aides sur critères techniques *vs* aides sur projets) et ce que cela implique en termes de dépendance par rapport à l'État et/ou au gouvernement.

3. Le système français

En France, les aides à la presse représentent plus de 12 % du chiffre d'affaires du secteur. Elles constituent un « empilement de dispositifs hétérogènes » (Cardoso, 2010 : 34), ce qui explique que l'on peut, en mettant l'accent sur tel ou tel aspect, parler aussi bien d'un dispositif égalitaire (position officielle en France) que d'un dispositif ciblé mettant certains organes de presse à la botte de l'État (position que l'on rencontre souvent dans les médias allemands).

On distingue traditionnellement entre les aides directes (tarifs préférentiels, subventions, qui représentent plus de 60 % des aides de l'État) et les aides indirectes, des dispositifs fiscaux qui représentent un manque à gagner pour l'État.

On trouve des aides visant à :
• soutenir tous les titres sans distinction ni de périodicité ni de contenu ni de zone de diffusion ;
• soutenir spécifiquement les titres quotidiens d'information politique et générale qui connaissent des difficultés économiques (évaluées selon des critères techniques mais qui visent implicitement deux quotidiens précis, *L'Humanité* et *La Croix*) ;
• réduire les coûts de fabrication et de diffusion ;
• garantir l'égalité entre les entreprises et entre les titres dans la distribution des journaux ;
• aider au développement de l'abonnement afin de procurer aux journaux une plus grande stabilité financière ;
• aider à retenir le lectorat voire à en gagner un nouveau ;
• permettre à tous les titres un même accès à l'information, par des abonnements de l'État à l'Agence France-Presse qui permettent à celle-ci de proposer aux éditeurs des tarifs plus avantageux.

---

3   Lee Bollinger cité par Truffy, Vincent, « Aides à la presse : un équilibre délicat », OWNI, 19/08/2010, http://owni.fr/2010/08/19/aides-a-la-presse-un-equilibre-delicat/, page consultée le 24/07/2011.

Tableau 2 : Aides de l'État à la presse en France

Aides de l'État à la presse en millions d'euros	2008	2009	2010
Modernisation de la presse quotidienne et d'IPG et aide au lectorat	*20*	*25*	*24,2*
Services de presse en ligne	*0,5*	*20*	*19,5*
Modernisation sociale de la presse quotidienne IPG	26,7	24,7	22,7
Distribution et promotion à l'étranger	*2*	*2*	*2*
Quotidiens nationaux IPG à faibles ressources publicitaires	7	7	9
Aides à la presse hebdomadaire régionale	1,4	1,3	1,4
Quotidiens régionaux IPG à faibles ressources de petites annonces	1,4	1,3	1,4
Aide au portage de la presse	8,2	70	70
Exonération charges patronales porteurs	-	8	12
Modernisation de la distribution de la PQN	12	12	12
Réduction tarif SNCF transport de presse	5,8	5,5	5,8
TOTAL aides à l'éditeur	**85**	**176,8**	**180**
Aide à la modernisation de la diffusion	2	13	12
Aide exceptionnelle diffuseurs de presse	0	58	0
Aide postale	242	265,7	270
Abonnements de l'État à l'AFP	109	111	113
Aide à la restructuration des Presstalis	0	0	15
Plan « Imprime »	0	0	25
TOTAL autres dispositifs	**353**	**447,7**	**435**
TOTAL aides directes	**438**	**624,5**	**615,5**
Exonération taxe professionnelle	200	200	200
TVA super réduite (2,1 %)	200	200	200
Divers	1	1	1
TOTAL aides indirectes	**401**	**401**	**401**
TOTAL INTERVENTION ÉTAT	**839**	**1 025,5**	**1 016**

IPG = information politique et générale.
En italique : les aides directement attribuées aux éditeurs pour des projets précis.
Source : Cardoso, 2010 : 72

Un nouveau fonds, le SPEL, consacré à la presse en ligne, a été créé en 2009 et doté de 60 millions sur trois ans, ce qui est très peu comparé aux dispositifs généraux pour la presse. Est également à l'étude la possibilité d'un alignement du taux de la TVA pour la presse en ligne sur celui de la presse écrite, qui passerait ainsi de 19,6 % à 2,1 %. Cette éventuelle modification est cependant tributaire d'une décision au niveau européen. On peut ajouter une aide qui relève des aides indirectes : une déduction fiscale au titre du mécénat culturel pour les dons des particuliers à tous les quotidiens, ainsi qu'aux hebdomadaires et mensuels IPG.

Certaines aides touchent toutes les familles de presse, quels que soient leurs besoins financiers. Ainsi, la presse magazine, « florissante mais aidée » (Charon, 2008a : 16), touche 39 % du total des aides, autant que l'ensemble de la presse quotidienne. À l'inverse des autres pays européens, sa profitabilité est très largement supérieure à celle de la presse quotidienne (Le Floch et Sonnac, 2005 : 83).

Différents dispositifs ont donc été ajoutés aux structures existantes afin d'aider spécifiquement la presse quotidienne nationale et la presse quotidienne régionale et départementale.

Tableau 3 : Aide directe à certains quotidiens nationaux par exemplaire diffusé payé

	Aide directe par exemplaire diffusé payé Total y compris Poste (chiffres 2009)	Prix de vente à l'exemplaire (2009)
Libération	0,09 €	1,30 €
Le Figaro	0,19 €	1,30 €
Le Monde	0,23 €	1,40 €
Les Échos	0,25 €	1,50 €
La Tribune	0,27 €	1 €
France Soir	0,52 €	0,50 €
L'Humanité	0,54 €	1,30 €
La Croix	0,54 €	1,30 €

Source : Cardoso, 2010 : 37

Le ciblage et le fait que certains dispositifs concernent un petit nombre de titres font que, pour certains titres qui cumulent les aides au titre de divers dispositifs de soutien, celles-ci peuvent dépasser 60 % du chiffre d'affaires (Cardoso, 2010 : 37), comme cela a été le cas pour *France Soir*, qui a bénéficié en 2009 d'une aide spécifique qui, calculée par numéro, dépassait son prix de vente.

4. Aides aux éditeurs : la part des aides sur projet

Les aides sont attribuées par la CPPAP (Commission paritaire des publications et agences de presse) aux publications ayant une périodicité de parution et un ratio de pages de publicité leur permettant d'obtenir un numéro de commission paritaire. Dans les commissions chargées de la répartition des fonds siègent autant de représentants de l'administration que de représentants des organisations patronales de la presse ; certaines organisations professionnelles de journalistes demandent en vain à y être associées (Derieux et Granchet, 2010a : 135).

« Le principe de neutralité est le fondement des modalités d'intervention de l'État en faveur de la presse » (Cardoso, 2010 : 40). Toutefois, à y regarder de plus près, il semble qu'il s'agisse en partie d'une fiction, reprise par les défenseurs de ces aides – qui en sont souvent les bénéficiaires.

Parmi les aides attribuées directement aux éditeurs, certaines (en italique dans le tableau 2) sont accordées pour un projet précis : elles impliquent donc une sélection et peuvent fournir l'occasion aux représentants de l'État, tout comme aux représentants de la profession siégeant dans les comités paritaires, de favoriser tel ou tel titre, pour des raisons idéologiques, stratégiques ou de simple concurrence. Ces aides représentent environ 4,5 % du total des aides de l'État, mais 25,4 % des aides aux éditeurs. Un quart de l'argent attribué directement à ceux-ci l'est donc sur projets, avec la part d'arbitraire que cela suppose.

Ainsi, le fonds de modernisation de la presse quotidienne a servi à financer des projets très différents : *France Soir* a bénéficié pour le lancement de sa nouvelle formule d'une aide deux fois plus élevée que pour les autres nouvelles formules financées par le fonds, aide que l'on a pu juger exagérée au vu de la fortune personnelle du propriétaire du titre et de l'innovation rédactionnelle réelle. Ont également bénéficié de ce fonds des initiatives collectives de conquête du lectorat, comme « Un journal gratuit dès 18 ans » ou plusieurs initiatives du Syndicat de la presse quotidienne régionale[4]. Le rapport Cardoso recommande d'ailleurs d'établir des « règles du jeu lisibles et compréhensibles » (Cardoso, 2010 : 52), révélant à demi-mot que le mécanisme de répartition de ces aides est bien opaque.

5. Avenir des aides en France

Lors des États généraux de la presse de 2008, un des groupes de travail a proposé que la TVA super-réduite à 2,1 % soit réservée aux seuls quotidiens et magazines d'information politique et générale ; les rentrées fiscales provenant de la taxation à 5,5 % des autres titres de presse permettraient de financer davantage la presse d'information politique et générale. Cette aide ciblée, qui a suscité une vive opposition de la part de la presse magazine, ne visait pas à remplacer les aides traditionnelles de l'État, mais à s'y ajouter.

Le rapport Cardoso, commandé par les ministres du Budget et de la Culture, a fait en 2010 quinze propositions pour réduire les aides versées par l'État d'environ 15 % jusqu'en 2016. Il propose que celles-ci soient attribuées de manière conditionnelle et liées à une stratégie « d'innovation et de maîtrise des coûts ». Les entreprises de presse devraient s'engager en particulier en matière de modernisation de leur « gouvernance ». Théoriquement, ces contreparties ne doivent pas empiéter sur le contenu. Il semble cependant difficile de dissocier les deux, en particulier quand les mesures demandées consistent en réductions de personnel. Les réactions ont été soit de saluer cette « contractualisation » car elle ne remettrait pas en cause l'existence même des

---

4   Owni.fr, « L'heure des fuites sur les subventions à la presse ? », Rue89, 11/08/2010, http://www.rue89.com/2010/08/11/lheure-des-fuites-sur-les-subventions-a-la-presse-161807, page consultée le 24/07/2011.

                 Valérie Robert

aides, soit de dénoncer une « mise sous contrôle (et au pas ?) des journaux par des contrats avec l'État »[5].

REGARDS CROISÉS SUR LES AIDES DE L'ÉTAT

« Assistanat généralisé » (Derieux et Granchet, 2010b : 38), « une des causes principales de la grave crise de la presse quotidienne française » (Eveno, 2008 : 13) : les critiques du dispositif ne manquent pas, même en France. En Allemagne, pour parler des « aides à la presse » françaises, on parle plus directement de « subventions » voire de « subventionnite », ce qui souligne le caractère maladif du dispositif (Ollrog, 2007 : 32), censé être la cause de la désaffection du lectorat, qui se détournerait des quotidiens parce que ceux-ci sont aidés par l'État et donc compromis avec le pouvoir (*ibid.* : 32).

1. Quelles contreparties ?

Quelles contreparties l'État et/ou les gouvernements successifs réclament-ils en échange de ces aides publiques ? En principe, il s'agit d'une relation contractuelle dans laquelle le seul cahier des charges est celui des critères techniques pour qu'une publication soit éligible aux aides à la presse (Le Floch et Sonnac, 2005 : 79). Mais ce contrat suscite en Allemagne le soupçon, fondé sur l'expérience historique de la mainmise d'un régime politique sur les médias pendant la période nazie puis en RDA, qu'il existerait une « contrepartie en termes de contenu » (Hubé, 2008 : 33). Certains affirment que

les aides de l'État, indispensables à la survie, transforment de manière croissante les chiens de garde de la démocratie en gentils toutous de l'élite du pouvoir. (Ollrog, 2007 : 32)

À cela s'oppose la vision, idyllique, de certains bénéficiaires des aides :

Et si pressions il devait y avoir, elles auraient déjà eu lieu. L'expérience de *Libération* dans ce domaine oblige à dire que jamais le ministère de la Culture, interlocuteur habituel des journaux, n'a esquissé la moindre intervention de cette nature. Cette tradition républicaine, bien établie, se prolongera naturellement [...][6].

---

5   Constant, Caroline, « Assises de *L'Humanité* : une réunion pour rebâtir les aides à la presse », *L'Humanité*, 14/03/2011.

6   Joffrin, Laurent, « Pour mieux aider la presse écrite », *Libération*, 10/09/2010.

Il est vrai que des quotidiens de toutes couleurs politiques sont subventionnés : *L'Humanité* bénéficie d'aides importantes, tout comme *La Croix*. Mais parallèlement à cela, des pressions existent. Ainsi, en juin 2010, en pleine affaire Bettencourt, le président de la République menaçait le directeur du *Monde* de couper les subventions à l'imprimerie du *Monde* si le journal passait entre les mains de nouveaux actionnaires plutôt étiquetés à gauche[7].

Les aides peuvent donc effectivement servir de moyen de pression politique – avec ou sans résultat. Mais des pressions aussi grossières sont le plus souvent rendues publiques. Le problème est donc plutôt la zone d'ombre que peuvent constituer des traitements de faveur plus discrets, et leur contrepartie également moins voyante.

2. La position des nouveaux acteurs

Mais ce n'est que récemment que l'on a vu émerger, parmi les acteurs du secteur eux-mêmes, des arguments jusque-là spécifiques à la discussion allemande. La possibilité nouvelle pour des sites de presse en ligne d'obtenir des aides a donné lieu à un vif débat parmi les internautes, qui posaient la question de savoir si ces sites allaient ainsi se trouver sous l'influence de l'État. La question a également divisé les éditeurs de ces sites, tout particulièrement ceux de sites *pure players*, non adossés à un titre papier. Certains ont décidé de demander cette aide (Rue89, Mediapart, Slate), arguant du fait que l'État ne les aidait que pour un projet précis – alors même que le financement sur projet peut précisément susciter des soupçons de prise d'influence, et la presse allemande a d'ailleurs dénoncé le caractère sophiste de cette argumentation. D'autres, comme Arrêts sur Images, ont refusé en arguant du fait qu'ils étaient une entreprise privée et que bénéficier des aides pourrait remettre en question leur liberté de ton. Le SPIIL (Syndicat de la presse indépendante d'information en ligne) a demandé la transparence sur les aides attribuées, afin de montrer « que ces aides sont réparties de manière équitable, en évitant les soupçons de favoritisme ou de soutien de nature partisane »[8].

3. Aides de l'État en Allemagne

Les aides de l'État ne sont ni inconnues ni taboues en Allemagne. Les années 1950 ont ainsi vu un certain nombre de journaux bénéficier d'un programme de prêts inclus dans le plan Marshall (Schütz, 1999 : 113). La question d'une aide de l'État

---

7   Berretta, Emmanuel, « Recapitalisation - Sarkozy fait pression sur le patron du Monde », Le Point.fr, 11/06/2010, http://www.lepoint.fr/chroniqueurs-du-point/emmanuel-berretta/recapitalisation-sarkozy-fait-pression-sur-le-patron-du-monde-11-06-2010-465771_52.php, page consultée le 24/07/2011.

8   Rue89, « Sites d'info : le Spiil demande la transparence sur les aides », Rue89, 15/01/2010, http://www.rue89.com/making-of/2010/01/15/sites-dinfo-le-spiil-demande-la-transparence-sur-les-aides-133949, page consultée le 17/01/2011.

allemand ne s'est cependant posée explicitement qu'à partir de la disparition de nombreux quotidiens dans les années 1960.

Un rapport publié en 1968 par une commission créée par le gouvernement fédéral préconisait d'utiliser un dispositif d'aides fiscales et de crédits pour aider les journaux à conserver leur compétitivité, recommandation qui ne fut jamais appliquée. En 1967 fut mis en place, de manière exceptionnelle, un remboursement de la taxe sur les recettes des ventes pour certains journaux ayant pour mission principale la « formation politique » (Schütz, 1999 : 117) – une mesure ciblée ne satisfaisant pas entièrement les éditeurs, qui réclamaient une exonération totale. Depuis la création de la TVA en 1968, la presse bénéficie d'un taux réduit, que les éditeurs n'ont de cesse de faire baisser. Les produits de presse bénéficient également de tarifs spécifiques auprès de la Deutsche Post, même si ce dispositif a été largement réduit. Entre 1968 et 1991, certains produits de presse à faible diffusion ont pu solliciter des prêts à long terme à taux réduit auprès du ministère de l'Économie, pour en tout environ 155 millions d'euros (Schütz, 1999 : 118).

En 2003, le quotidien suprarégional *Frankfurter Rundschau* se trouva dans de telles difficultés financières que, pour éviter la faillite, il dut solliciter du *Land* de Hesse que celui-ci se porte caution afin qu'il puisse obtenir un prêt. Cet événement a suscité à nouveau un vaste débat dans la presse sur les dangers inhérents à des aides publiques (voir Hubé, 2008 : 33-34).

4. Le débat allemand

Avec la crise de la presse, la question d'une intervention de l'État est devenue récurrente. Ainsi, en 2003, le rédacteur en chef du *Rheinischer Merkur* réclamait la mise en place d'une « redevance pour la presse » suprarégionale de qualité (*Pressegebühr*), similaire à celle prélevée pour financer l'audiovisuel public[9]. Son argumentation se fondait sur une similitude entre les fonctions de cette presse et celles de l'audiovisuel public telles que les a définies le *Bundesverfassungsgericht* : un « approvisionnement de base en matière d'information » (*Grundversorgung an Informationen*) qui doit être fourni aux citoyens, ce concept fondant le maintien et le financement d'un audiovisuel public.

Heinz Röper, chercheur spécialiste de la presse, a pour sa part proposé d'augmenter la TVA sur les produits de presse et de verser l'excédent ainsi perçu par l'État à une fondation qui accorderait des subventions à des entreprises fragiles économiquement[10]. Il recommandait donc de rompre avec le principe de « l'arrosoir », des aides indirectes touchant toutes les familles de presse, mais sans pour autant

---

9   Leuckfeld, Silke, « Am Geldhahn gezielt dosieren », «M» - *MENSCHEN - MACHEN - MEDIEN*, 2003, 11.

10   Grothe, Solveig, « Medienkonzerne sollen klamme Verlage stützen », *Netzeitung*, 02/05/2006, http://www.netzeitung.de/medien/395685.html, page consultée le 24/07/2011.

demander à l'État de mettre la main au porte-monnaie : les entreprises les plus riches financeraient les plus fragiles. Il demandait cependant à l'État de sortir de son rôle d'observateur et de garantir le pluralisme en menant une politique des médias active. Cette proposition, si elle n'a pas fait école, a été saluée non pas par les entreprises de presse mais par les syndicats de journalistes. Le syndicat ver.di a ainsi souligné que « le financement et le soutien de la presse sont possibles, sans contrevenir à l'obligation de distance de l'État » [11].

La discussion a été relancée en Allemagne par le philosophe Jürgen Habermas en 2007[12], au moment de la mise en vente du quotidien suprarégional *Süddeutsche Zeitung*. Habermas s'inquiétait de l'avenir de la presse « sérieuse » face à l'arrivée éventuelle d'investisseurs préoccupés uniquement de rentabilité, qualifiés à l'époque de *Heuschrecken* (« sauterelles ») (voir chapitre 5).

Cette possibilité signifiait pour lui la fin d'un espace public constitutif de la prise de décision démocratique. Habermas proposait lui aussi d'utiliser la notion d'« approvisionnement de base en matière d'informations » pour la presse quotidienne. Tout en défendant le marché comme le lieu où « une pensée subversive a pu s'émanciper de l'oppression de l'État », il constatait un risque que les lois économiques « pénètrent dans les pores des contenus culturels et politiques qui sont diffusés par le biais du marché. » Il admettait qu'il allait tout d'abord falloir s'habituer à l'idée même de subventions de l'État à la presse, avant de se pencher sur leurs formes possibles (par exemple des fondations publiques ou encore des avantages fiscaux pour les entreprises qui resteraient familiales).

D'autres à sa suite, par exemple le journaliste Matthias Breitinger en 2008, ont évoqué la possibilité d'aides de l'État, tout en ne précisant pas quelle forme elles devraient exactement avoir[13]. Fin 2009, le patron du groupe familial M. DuMont Schauberg s'indignait de l'absence de réaction des politiques face à la crise de la presse, et réclamait des subventions de l'État comparables à celles d'autres pays, citant la France comme modèle et déclarant qu'une « politique qui n'agit pas est une menace pour les journaux » [14]. Sa position, qui n'était pas exempte de contradictions (en résumé, demander l'aide de l'État pour rester politiquement indépendant), est cependant restée isolée parmi les éditeurs allemands. En mars 2011, le BDZV (Union fédérale des éditeurs allemands de journaux) faisait une distinction que l'on pourrait qualifier de jésuite entre des subventions d'une part et d'autre part sa demande que l'État mette en place des « conditions économiques et juridiques raisonnables » (en

---

11   Leuckfeld, « Am Geldhahn gezielt dosieren », *op. cit.*

12   Habermas, Jürgen, « Keine Demokratie kann sich das leisten », *Süddeutsche Zeitung*, 16/5/2007.

13   Breitinger, Matthias, « Politik sollte Medien einen Schirm aufspannen », *Netzeitung*, 27/11/2008, http://www.netzeitung.de/medien/1221397.html, page consultée le 24/07/2011.

14   Neven DuMont, Alfred, « Eine untätige Politik bedroht die Zeitung », *Frankfurter Rundschau*, 11/12/2009.

---

particulier une protection des droits voisins, voir chapitre 9). Le BDZV déclarait que les éditeurs de journaux refusent toute forme de subventions directes, car ils veulent « garder leur indépendance »[15].

La réponse du gouvernement fédéral à toutes ces demandes parfois contradictoires a été de confirmer un taux de TVA réduit de 7 %. Il a par contre clairement refusé de mettre en place d'autres aides, expliquant qu'il est difficile de déterminer des critères indépendants du contenu et de l'opinion, et que ces critères seraient donc problématiques au vu du principe de liberté de la presse par rapport à l'État, ancré dans le droit constitutionnel (*Medien- und Kommunikationsbericht,* 2008).

La discussion sur des aides à la presse se poursuit, et elle implique des camps politiques opposés : le SPD est favorable à des aides, prenant ainsi le contre-pied de la coalition CDU-CSU-FDP du gouvernement fédéral. Le ministre-président SPD de Rhénanie-Palatinat s'est exprimé en 2009 en faveur d'une redevance sur Internet qui pourrait servir à financer la presse, et a plaidé pour une discussion ouverte sur des aides de l'État à la presse, par exemple sur le modèle français d'abonnements gratuits pour des jeunes (*dpa,* 10/11/2009). La fraction social-démocrate au Bundestag, dans une question écrite au gouvernement en juillet 2011, a rappelé que l'État était censé fournir un cadre garantissant le pluralisme et demandé ce que le gouvernement entendait prendre comme mesures pour atteindre ce but[16].

5. Les éditeurs et l'État

La question d'aides de l'État fait donc bel et bien l'objet d'un débat public en Allemagne, et un alignement sur certains aspects du modèle français n'est pas exclu *a priori.* Toutefois, des aides directes sur projets, attribuées par des commissions dans lesquelles siégeraient des représentants de l'État, ont peu de chances d'exister en Allemagne. Les fédérations d'éditeurs sont puissantes et veillent à leurs prérogatives. Dans les diverses initiatives de promotion de la lecture du journal qu'elles ont initiées, la puissance publique (gouvernement fédéral ou gouvernements des *Länder*) n'intervient qu'*a posteriori*, par exemple pour rapprocher et mettre en réseau des initiatives émanant des acteurs du secteur. C'est le cas pour la *Nationale Initiative Printmedien* ou le projet *Schule mit Zeitung* mis en place depuis 2006 : mesures d'abonnement gratuit des écoles, stages dans les journaux pour les élèves, fabrication de numéros spéciaux par des écoles ou des groupes d'élèves, etc.

Les mesures équivalentes en France, comme *Mon journal offert* (environ 200 000 abonnements d'un an, à raison d'un seul exemplaire par semaine, au quotidien de leur choix offerts à des jeunes de 18 à 24 ans), sont au contraire financées en grande

---

15 Wolff, Dietmar, « Presse ist mehr wert. Keine Subventionen für Zeitungen », *Der Tagesspiegel,* 1/03/2011.

16 *Kleine Anfrage der Fraktion der SPD: Vorhaben der Bundesregierung zur Sicherung der Medienvielfalt und Medienfreiheit*, Deutscher Bundestag, Drucksache 17/6532, 06/07/2011.

partie par l'État, le reste étant pris en charge par les éditeurs eux-mêmes, et l'initiative vient du ministère de la Culture à la suite des États généraux de la presse.

En France, c'est le président de la République qui a organisé à l'automne 2008 les États généraux de la presse et a nommé les membres des groupes de travail. Ces États généraux ont certes été qualifiés de « régression stupéfiante – le pouvoir s'arrogeant la maîtrise du contre-pouvoir » [17], mais cette position, caractéristique du point de vue des observateurs allemands, n'était pas majoritaire en France. Ce qui a surtout choqué les journalistes français, c'est l'omniprésence des patrons de presse dans les États généraux, alors que les organisations de journalistes n'étaient que très peu invitées à y participer.

STATUT DES AGENCES DE PRESSE

Le statut des agences de presse montre que le rapport entre les médias et l'État dans les deux pays est différent, mais aussi qu'il est difficile d'opposer radicalement le modèle français et le modèle allemand.

1. L'AFP, « organisme autonome »

En France, les agences de presse disposent d'un statut spécifique et peuvent bénéficier de presque toutes les formes d'aides de l'État à la presse. Parmi les nombreuses agences de presse actives en France, la principale est l'AFP (Agence France-Presse), qui fait partie des trois agences mondiales, avec 2 900 collaborateurs dans 65 pays.

Depuis 1957, l'AFP est un « organisme autonome » qui n'a ni actionnaire ni capital : ni privée ni publique, cette entreprise se finance exclusivement par les recettes des ventes de ses produits. Cependant, elle fait l'objet d'une « subvention déguisée » (Derieux et Granchet, 2010a : 104) de la part de l'État qui est son principal client (environ 40 % du chiffre d'affaires en 2010). Cette subvention découle du principe de pluralisme : grâce aux abonnements massifs de l'État, l'AFP peut maintenir des tarifs d'abonnement abordables pour les entreprises de médias, qui sont ainsi indirectement aidées.

Créée par une loi, ne pouvant être dissoute que par une loi, l'AFP peut être considérée comme un organisme semi-public (Derieux et Granchet, 2010a : 101) et elle dépend pour son financement de l'État, auquel la lie une convention. Les ministères clients de l'AFP siègent dans son conseil d'administration, avec trois représentants.

---

17   Plenel, Edwy, Bonnet, François, « Presse : notre lettre ouverte aux États généraux », Mediapart, 13/10/2008, http://www.mediapart.fr/journal/france/131008/presse-notre-lettre-ouverte-aux-etats-generaux, page consultée le 24/07/2011.

S'ajoutent à cela les présidents des sociétés de l'audiovisuel public, tous deux nommés directement par le président de la République depuis la réforme de l'audiovisuel de 2009, ce qui accroît le poids de l'exécutif. Toutefois, les représentants des services publics restent minoritaires (5 contre 8 pour les entreprises de presse). La loi de 1957 précise que l'AFP « ne peut en aucune circonstance tenir compte d'influences ou de considérations de nature à compromettre l'exactitude ou l'objectivité de l'information ; elle ne doit, en aucune circonstance, passer sous le contrôle de droit ou de fait d'un groupement idéologique, politique ou économique ».

La situation est cependant susceptible de changer. Une réforme du statut de l'AFP est régulièrement évoquée depuis plusieurs années, visant à lui donner un statut de société détenue à 100 % par l'État, ce qui suscite l'opposition des personnels, qui y voient un risque de mainmise accrue, voire de transformation en « agence d'État » (*Süddeutsche Zeitung*, 9/09/2009).

2. Les agences allemandes

En Allemagne, l'agence la plus importante est la dpa (Deutsche Presse Agentur), qui était jusqu'en 2009 la seule agence complète (*Vollagentur*). Créée en 1949, elle est la propriété collective des entreprises de médias allemands qui en sont les sociétaires (*Gesellschafter*). Afin d'éviter qu'un média puisse avoir une influence prépondérante, chacun de ces sociétaires ne peut acquérir que 1,5 % du capital. Son chiffre d'affaires était en 2010 d'environ 87 millions d'euros, soit le tiers de celui de l'AFP. La dpa, agence internationale, emploie autour de 1 100 collaborateurs dans 80 pays. Elle se finance exclusivement par la vente de ses produits ou services, et est donc en principe totalement indépendante des pouvoirs publics. Cependant, elle a dès les années 1950 trouvé un client fidèle qui lui garantissait une certaine stabilité financière : le gouvernement fédéral, avec lequel elle a conclu un contrat de fourniture d'information renouvelé annuellement depuis. En échange, la dpa s'engageait à développer son réseau à l'étranger (Wilke, 1999b : 477). On peut donc considérer ce contrat comme une subvention camouflée – à la dpa et indirectement à la presse. Toutefois, les conditions et l'ampleur de cette aide ne sont pas les mêmes qu'en France. Le gouvernement fédéral est pour la dpa un client comme un autre, il ne siège pas à son conseil d'administration. Le contrat avec le gouvernement fédéral représentait en 1951 un dixième des recettes de la dpa ; en 2010, avec 2,8 millions d'euros (*die tageszeitung*, 25/10/2010), il ne représente plus que 3 % de son chiffre d'affaires.

La dpa a toujours eu des concurrents, soit étrangers (les services allemands de l'AFP, de Associated Press, de Reuters), soit allemand, comme le ddp (Deutscher Depeschendienst). Celui-ci, créé en 1971, a repris les activités de l'ancienne agence de presse d'État de RDA, l'ADN (Allgemeiner Deutscher Nachrichtendienst). Les nouveaux propriétaires du ddp, des investisseurs financiers allemands, ont en 2009 racheté le service allemand de l'agence américaine Associated Press. De la fusion entre ces deux agences est né l'agence dapd (Deutscher Auslands-Depeschendienst),

une agence complète qui s'est profilée d'emblée comme le concurrent direct de la dpa, menant une politique agressive d'expansion. Le dapd est une agence internationale, mais dont les dépêches sur l'étranger sont des traductions de dépêches d'Associated Press. Certains éditeurs lui reprochent donc de transmettre une vision américaine des événements, alors que la dpa a au contraire son propre réseau de correspondants.

3

Économie de la presse

Les journaux et magazines sont en France comme en Allemagne des entreprises privées ayant une mission d'intérêt général, d'où une certaine « schizophrénie » (Meyn, 2004 : 76) entre cette mission et l'intérêt financier de l'entreprise.

Sur le plan économique, la situation est contrastée entre les deux pays. En 2001, la marge opérationnelle des magazines était un peu plus élevée en Allemagne (8,8 % contre 7,8 % en France), et elle était plus que trois fois supérieure en ce qui concerne les quotidiens (9,5 % en Allemagne, 2,1 % en France) (Le Floch, 2008 : 7). La situation ne s'est guère arrangée en France depuis.

DÉPENSES DES ENTREPRISES DE PRESSE

Ces dépenses sont les mêmes dans les deux pays : rédaction (dont le poids est relativement faible), régie publicitaire (acquisition des publicités et petites annonces), fabrication (papier, impression), distribution, administration.

En France comme en Allemagne, la presse quotidienne nécessite des structures lourdes, intégrées verticalement (Charon, 2003 : 48) avec des rédactions importantes. Le schéma 5 présente une comparaison, qui ne se veut qu'indicative, sur la base des données publiées annuellement par le BDZV (qui portent sur tous les types de quotidiens : régionaux et suprarégionaux vendus par abonnement, *Kaufzeitungen* vendus presque exclusivement au numéro) et d'une moyenne pour sept titres de la presse quotidienne nationale française.

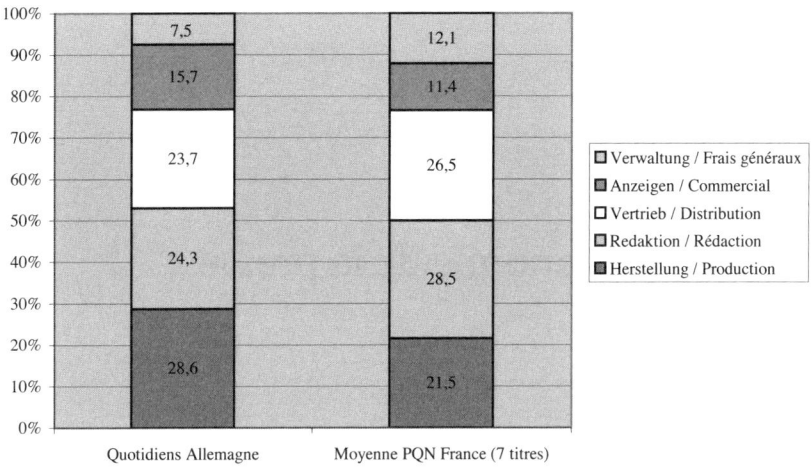

**Répartition des coûts :
quotidiens allemands / quelques quotidiens nationaux français (2008)**

Schéma 7
Sources : BDZV ; calculs de l'auteur sur la base des données indiquées par Cardoso, 2010 : 17

En Allemagne, la recherche d'annonceurs (*Anzeigen*) est un poste plus important qu'en France, où le poste « commercial » (vente des espaces publicitaires et/ou développement de la vente) est une structure « sous-dimensionnée » (Charon, 2008b : 54). La part de la rédaction est moindre en Allemagne qu'en France.

Bien sûr, ces chiffres n'informent que sur la part respective des différentes dépenses, et pas sur leur montant total. Cette moyenne inclut en Allemagne les quotidiens régionaux, dans lesquels les effectifs de la rédaction sont beaucoup plus réduits que dans les quotidiens suprarégionaux. Ce tableau permet toutefois de voir par exemple que la part de la fabrication n'est pas plus importante en France ; et si la part de la distribution y est plus élevée, ce n'est que de quelques points.

En Allemagne, l'impression fait l'objet, comme la distribution et la rédaction, de coopérations entre titres et entre éditeurs, le plus souvent dans des imprimeries communes. Rares sont les quotidiens qui doivent sous-traiter leur impression (Vogel, 2006 : 5). C'est au contraire fréquemment le cas en France pour les quotidiens nationaux, dont l'impression est réalisée dans quelques imprimeries seulement, par exemple celles du *Figaro* et du *Monde* (Eveno, 2008 : 140-144). La presse quotidienne nationale fait face à des coûts d'impression élevés, qui sont la conséquence de conditions salariales très avantageuses pour les employés de ces imprimeries, pour lesquelles le syndicat du Livre CGT (« la bête noire des patrons de presse »[1]) dispose

---

1   Scalbert, Augustin, « Violences, trafics, menaces : les coulisses de la CGT du Livre », Rue89, 11/01/2008, http://www.rue89.com/2008/11/01/violences-trafics-menaces-les-coulisses-de-la-cgt-du-livre, page consultée le 7/07/2011.

depuis 1947 d'un monopole d'embauche. Le barème salarial établi entre le Livre et le syndicat des éditeurs de presse nationale (SPQN) rend le coût de la main-d'œuvre beaucoup plus élevé que dans les imprimeries dites « de labeur » auxquelles a recours la presse quotidienne de province (Eveno, 2008 : 148). Les États généraux de la presse ont mis l'accent sur ces coûts jugés « exorbitants » en demandant des négociations avec le syndicat du Livre pour établir un « nouveau pacte social ».

La presse magazine génère, en raison de sa périodicité et de sa fréquente spécialisation thématique, des coûts moins élevés. Les éditeurs de magazines sont organisés selon le modèle de l'« entreprise réseau » (Charon, 2008a : 21) pouvant produire plusieurs titres, en recourant de manière importante aux pigistes et à la sous-traitance. En France, la presse magazine bénéficie des aides à la presse. Les éditeurs français, en mettant les imprimeries en concurrence entre elles en France comme à l'étranger, ont obtenu des tarifs bien plus intéressants de la part des imprimeries « de labeur » (*ibid.* : 4).

RECETTES DES ENTREPRISES DE PRESSE

On distingue entre les recettes des ventes (au numéro et par abonnement) et les recettes publicitaires (publicité commerciale et petites annonces). Le journal est vendu à ses lecteurs, et ses lecteurs (ou la possibilité de les atteindre) sont vendus aux annonceurs. Le rapport entre les deux postes n'est pas simplement mathématique, et si le principe « plus de lecteurs apportent plus d'annonceurs » est valable la plupart du temps, il faut également tenir compte de la nature de ces lecteurs. Ainsi, une masse de lecteurs peu consommateurs intéresse peu les annonceurs, alors qu'un petit groupe de lecteurs à fort potentiel de consommation est plus attrayant et donc plus fortement monnayable. Les dépenses des annonceurs sont susceptibles de fluctuer, en particulier en fonction de la conjoncture économique, mais aussi suite au développement de nouveaux médias (c'est ce qui s'est produit à l'arrivée de la télévision et, plus récemment, d'Internet).

Certaines entreprises de presse se financent exclusivement par les ventes (c'est en France le cas du *Canard enchaîné*), mais dans la plupart des cas, le coût de fabrication est plus élevé que le prix de vente d'un exemplaire, et il faut avoir recours à la publicité pour rentrer dans ses frais. À l'autre extrême, certains journaux ne se financent que par la publicité : ce sont les journaux gratuits, d'annonces ou d'information.

Il faut aussi inclure dans les recettes d'une entreprise de presse la vente de produits dérivés, les recettes des sites Internet dérivés des journaux, et enfin les aides directes de l'État.

1. Le marché publicitaire

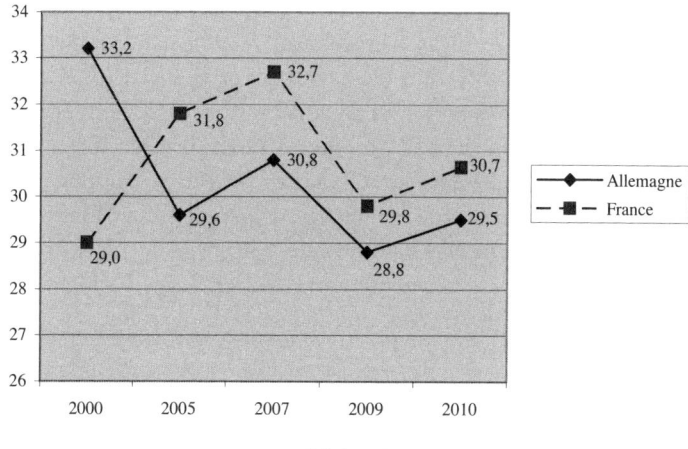

Dépenses des annonceurs en milliards d'euros

Schéma 8
Sources : ZAW, France Pub

La France a longtemps été considérée comme faisant preuve d'un « sous-développement publicitaire », en particulier par rapport à l'Allemagne (Albert, 2008 : 99). Or la situation a changé depuis la fin des années 1980, et on voit que les dépenses publicitaires sont désormais plus élevées en France, mais les deux pays connaissent depuis 2005 exactement la même évolution. Ceci ne signifie cependant pas que les dépenses publicitaires en direction de la presse sont plus élevées en France (schémas 9 et 10).

La part des médias d'information (presse hors presse d'annonces, télévision, radio et Internet) dans les dépenses des annonceurs est bien plus importante en Allemagne (57 %) qu'en France (27 %), où ce sont les autres supports publicitaires (affichage, marketing direct, etc.) qui dominent. Les médias allemands font l'objet de deux fois plus d'investissements publicitaires que leurs équivalents français.

La concurrence entre médias n'est pas tranchée de la même manière dans les deux pays. En Allemagne, en 2009, les quotidiens se taillaient encore la part du lion, juste devant la télévision. La France se caractérise au contraire par une domination sans partage de la télévision et, dans la presse, par la prédominance des magazines sur les quotidiens. Dans les deux pays, la part d'Internet est équivalente et en augmentation ; en France, elle est supérieure à celle des quotidiens (schémas 11 et 12).

Valérie Robert

**Part des différents médias
dans les dépenses publicitaires en Allemagne (2009)**

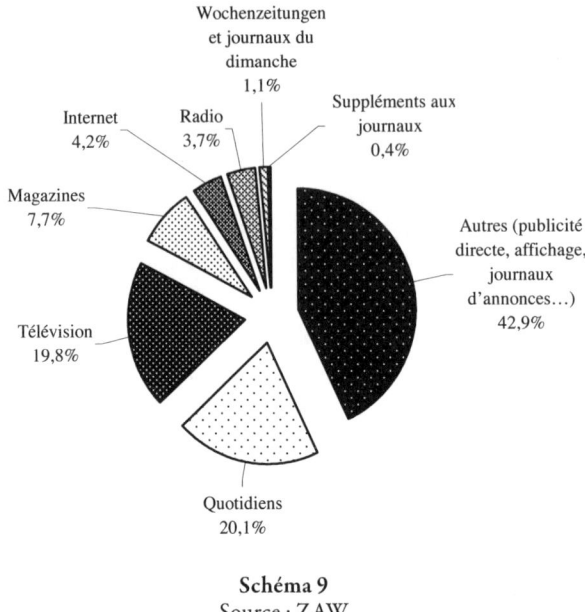

Wochenzeitungen
et journaux du
dimanche
1,1%

Suppléments aux
journaux
0,4%

Internet
4,2%

Radio
3,7%

Magazines
7,7%

Autres (publicité
directe, affichage,
journaux
d'annonces…)
42,9%

Télévision
19,8%

Quotidiens
20,1%

Schéma 9
Source : ZAW

**Part des différents médias
dans les dépenses de communication des annonceurs en France (2009)**

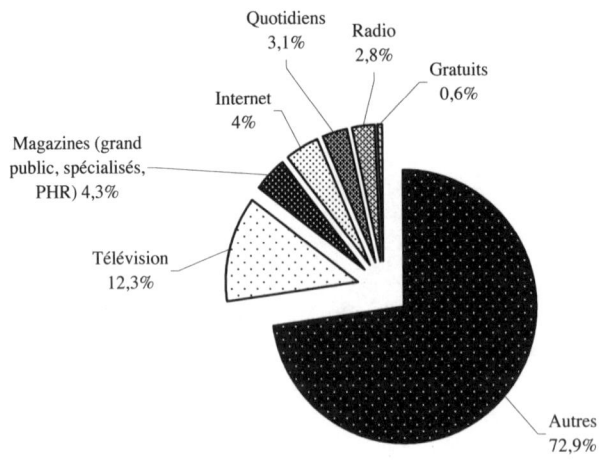

Quotidiens
3,1%

Radio
2,8%

Gratuits
0,6%

Internet
4%

Magazines (grand
public, spécialisés,
PHR) 4,3%

Télévision
12,3%

Autres
72,9%

Schéma 10
Source : France Pub

La presse en France et en Allemagne. Une comparaison des systèmes

41

Recettes publicitaires des grands médias en France, en millions d'euros

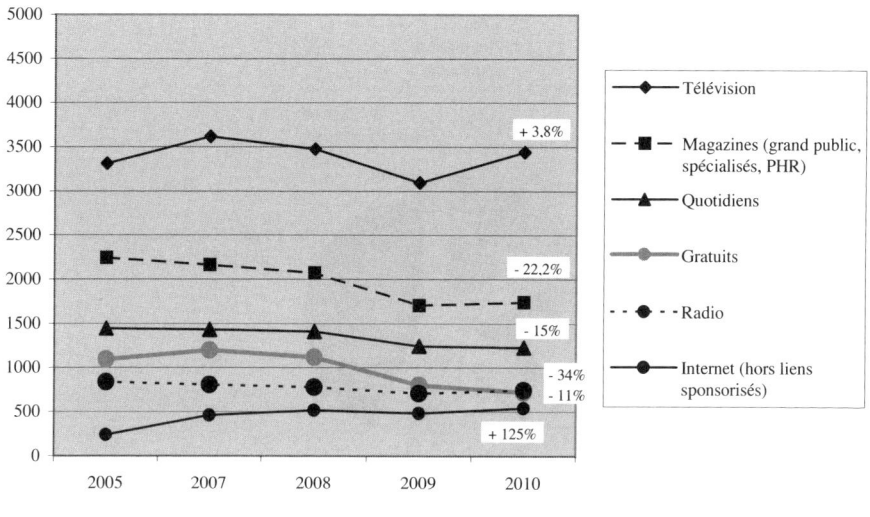

Schéma 11
Source : IREP

Recettes publicitaires des grands médias en Allemagne, en millions d'euros

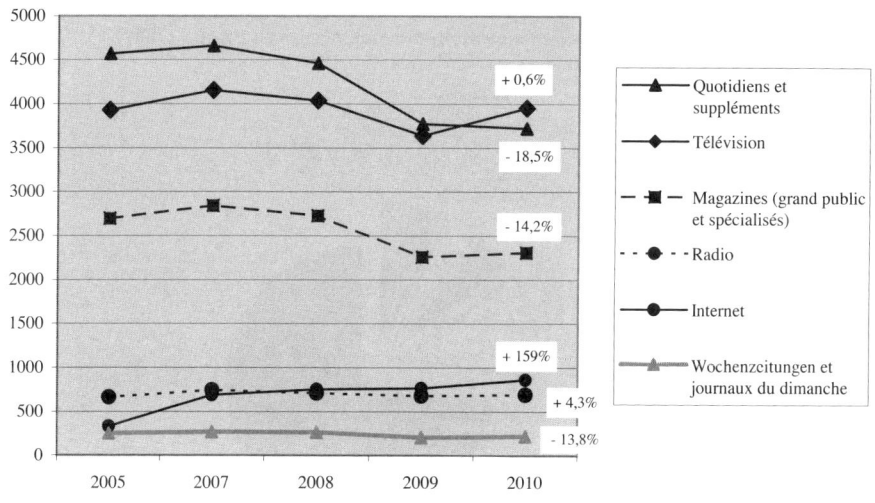

Schéma 12
Source : ZAW

En ce qui concerne les recettes publicitaires des médias, toutes les courbes se situent pour la France à un niveau inférieur à celui de l'Allemagne. L'Allemagne a passé un cap très significatif en 2010 : pour la première fois, les recettes publicitaires de la télévision ont dépassé celles de la presse quotidienne, en baisse continue comme dans tous les pays, en particulier à cause de la migration sur Internet des petites annonces. Depuis 2008, Internet dépasse la radio, et ses recettes publicitaires ont doublé depuis 2005.

En France, les quotidiens payants ont connu une baisse moindre de leurs recettes publicitaires, mais ils restent fondamentalement plus pauvres en publicité que les quotidiens allemands. Les gratuits d'information (une catégorie inconnue en Allemagne) ont davantage souffert, avec une forte baisse de leurs recettes publicitaires entre 2007 et 2010, alors même que celles-ci constituent leur seule source de financement. Enfin, la presse magazine a particulièrement souffert de la crise dans les deux pays.

2. Répartition des recettes

Pour compléter ce « profil » national de la presse, il faut examiner la répartition des recettes de ventes et de la publicité.

Commençons par l'évolution de la presse quotidienne, en examinant des données moyennes pour l'ensemble des titres. Il faut toutefois retenir que ces proportions variant « d'un titre à l'autre, d'un type de quotidien à l'autre » (Charon, 2008b : 56).

Les chiffres pour l'Allemagne montrent une baisse continue et parallèle des recettes publicitaires et du chiffre d'affaires. Un cap est passé : en 2009, pour la première fois, la part des recettes de ventes est plus élevée que celle des recettes publicitaires. Cette inversion des proportions signale des changements structurels dans la branche, d'autant plus que les ventes n'augmentent qu'à peine, voire baissent pour certains segments de la presse quotidienne. Le chiffre d'affaires de la presse quotidienne a baissé de 5,3 % entre 2003 et 2009, avec une baisse particulièrement prononcée entre 2008 et 2009 (– 6,8 %). Il reste cependant très élevé, avec presque 8 milliards (schémas 13 et 14).

Les quotidiens allemands restent malgré tout davantage financés par la publicité (46,4 % des recettes) que les quotidiens français (39,1 %). Leurs recettes dépendent donc de la conjoncture économique : en période de crise, les budgets publicitaires des annonceurs diminuent, de même que le nombre de petites annonces, en particulier d'offres d'emploi. Cette différence fait que « les crises économiques ne font pas l'objet des mêmes ajustements ni des mêmes réponses » (Hubé, 2008 : 61).

En France, le chiffre d'affaires total de la presse quotidienne est en 2009 moitié moins élevé qu'en Allemagne. Il est en baisse de 5,6 % depuis 2003, une baisse donc très comparable à celle qu'a connue l'Allemagne, elle aussi parallèle à la baisse des recettes publicitaires, avec une baisse plus prononcée entre 2008 et 2009 (– 5,3 %).

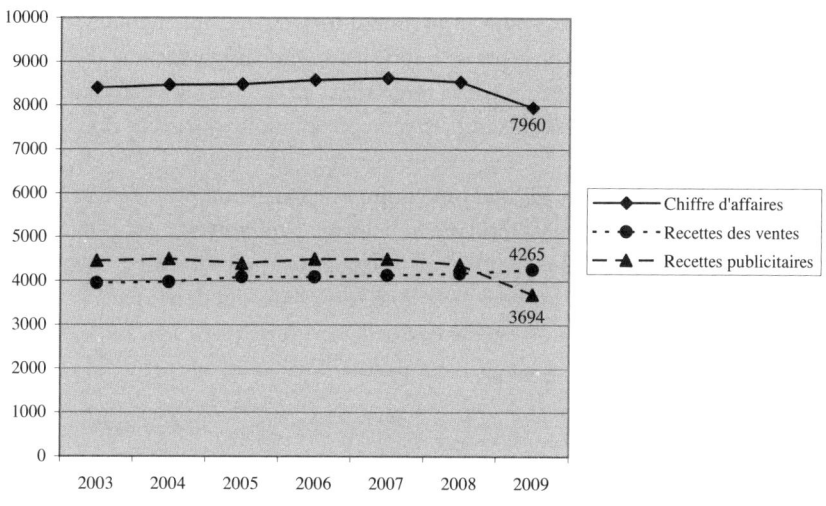

Schéma 13
Source : BDZV

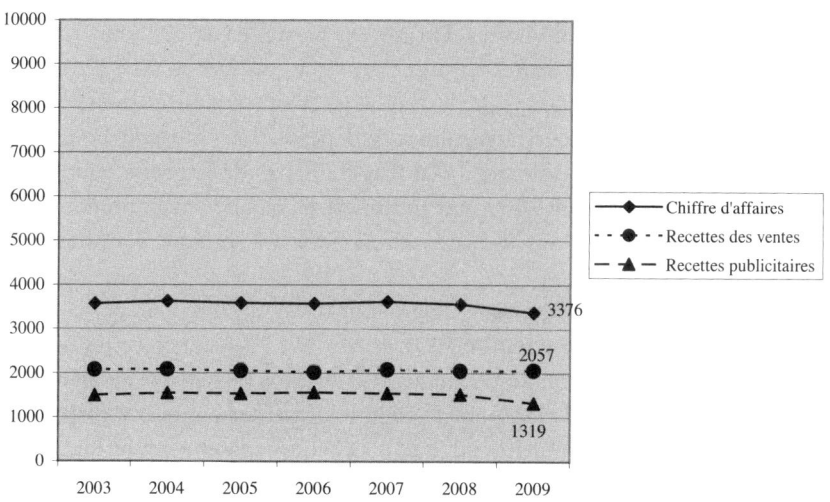

Schéma 14
Source : DGMIC, 2009

En France, les ventes constituent depuis toujours la part principale des recettes (60,9 %), ce qui pose problème dans la mesure où les ventes se font surtout au numéro, avec un fort taux d'invendus et une plus grande fragilité par rapport à une éventuelle désaffection d'un lectorat très volatil.

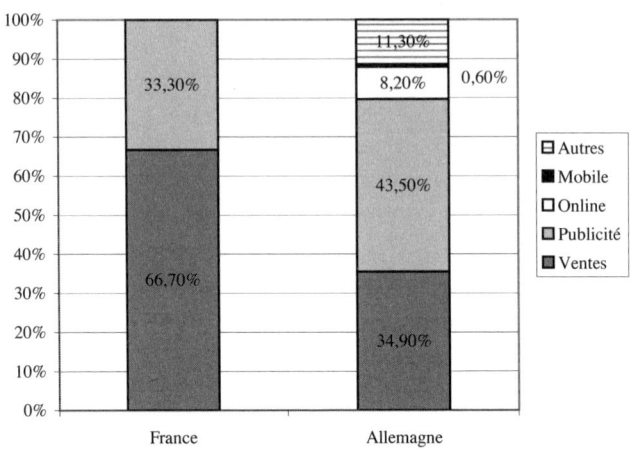

Presse magazine : répartition des recettes (2008)

Schéma 15
Sources : VDZ ; DGMIC

La presse magazine allemande est elle aussi plus dépendante de la publicité que la presse magazine en France ; le chiffre d'affaires intègre en Allemagne les recettes d'Internet et des produits dérivés.

4

Distribution de la presse

ABONNEMENT ET VENTE AU NUMÉRO

On distingue traditionnellement la vente au numéro et la vente par abonnement avec ses deux variantes, envoi par la poste et portage.

L'abonnement présente de multiples avantages pour le lecteur : réduction sur le prix de vente au numéro, plus de confort puisqu'il reçoit son journal chez lui au lieu de devoir aller l'acheter – ce qui est particulièrement appréciable en France, où les points de vente de presse sont beaucoup plus rares. Pour l'éditeur, il apporte une sécurité financière, des frais de distribution moindres, une réduction des invendus et des coûts de fabrication et de distribution d'exemplaires inutiles. Enfin, un lectorat fixe et bien identifié intéresse les annonceurs, et un fichier d'abonnés peut être vendu ou loué à d'autres entreprises. Tous ces avantages compensent le coût élevé de recrutement d'un abonné, à condition toutefois que celui-ci soit fidélisé à long terme.

Une variante fréquente en Allemagne est l'abonnement souscrit par des cafés ou des restaurants, qui mettent les journaux et magazines à disposition de leurs clients. Ce modèle commence à se répandre en France, en particulier dans les cafés des grandes villes ; *Le Parisien* le pratique depuis longtemps. En Allemagne, de même que dans tout l'espace germanophone (on pense en particulier à Vienne), la lecture du quotidien au café est un rituel ancien qui ancre le journal dans la vie quotidienne – et qui accroît son audience et par conséquent ses recettes publicitaires. On rencontre également en Allemagne la formule des *Lesezirkel*, une forme d'abonnement aux magazines beaucoup pratiquée par les médecins et les salons de coiffure : les exemplaires ne sont pas vendus mais prêtés pour une courte période.

**Presse grand public en Allemagne et en France :
part des ventes au numéro et de l'abonnement (2010)**

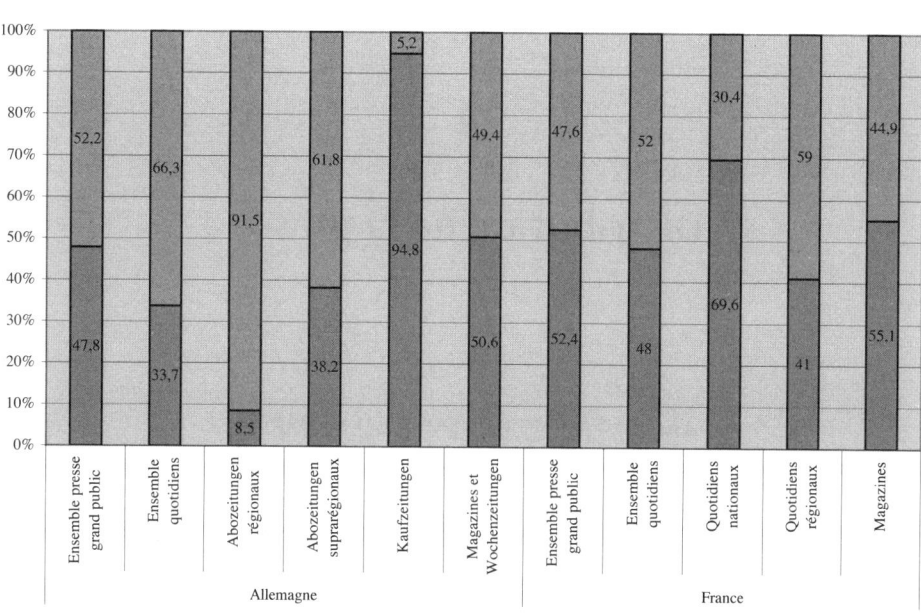

Schéma 16
Sources : Calculs de l'auteur à partir des données IVW, BDZV, OJD

L'abonnement à la presse est beaucoup plus répandu en Allemagne qu'en France, sauf pour la presse magazine. On constate donc, pour la presse quotidienne, une « structuration particulière des deux économies » : la française fonctionne « en kiosque sur le marché parisien, [l'allemande] par abonnement sur un marché national et/ou régional » (Hubé, 2008 : 61). Ceci est particulièrement évident lorsque l'on compare les suprarégionaux allemands et les nationaux français (dont certains comme *France Soir* présentent une structure proche de celle des *Kaufzeitungen* allemands vendus au numéro) (schéma 17).

Cette différence dans le mode d'achat des journaux est culturelle, mais elle est aussi inséparable de facteurs commerciaux.

Les quotidiens allemands multiplient les gestes commerciaux pour favoriser l'abonnement : forte remise par rapport au prix au numéro, objets promotionnels en cadeau, abonnements d'essai gratuits, très nombreux types d'offre à durée variable, et certains journaux vont jusqu'à offrir des primes aux abonnés qui en recruteraient d'autres. Les quotidiens allemands pratiquent également l'abonnement partiel, comme la *Süddeutsche Zeitung* et la *tageszeitung* qui proposent de s'abonner uniquement à l'édition du samedi. La *Frankfurter Allgemeine* vend pour sa part des bons d'achat pour un certain nombre de numéros en kiosque, une formule intermédiaire

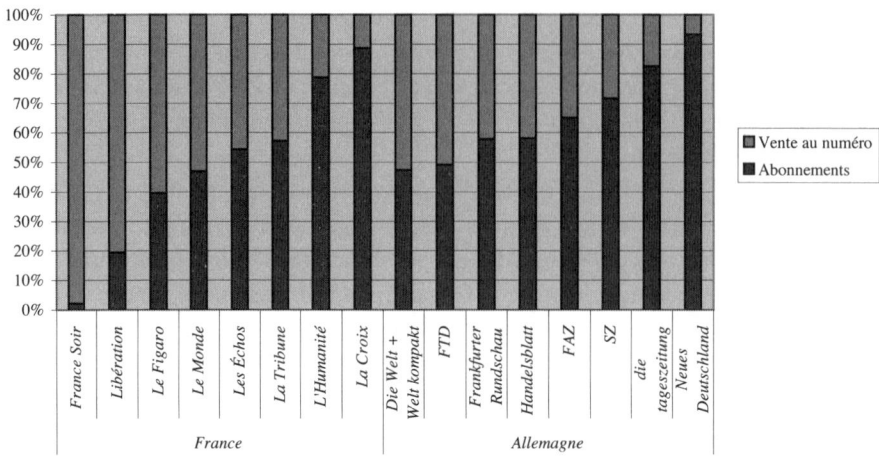

**Presse quotidienne nationale et suprarégionale :
part des ventes au numéro et de l'abonnement (2010)**

**Schéma 17
Sources : OJD, IVW** [1]

entre abonnement et vente au numéro. Les offres des quotidiens français sont beau-coup plus réduites, et l'avantage financier pour le lecteur y est moins important qu'en Allemagne.

En plus du prix, les conditions matérielles de livraison de l'abonnement jouent également un rôle important dans la décision de s'abonner.

DISTRIBUTION DES EXEMPLAIRES
VENDUS PAR ABONNEMENT

1. Le portage en Allemagne

La plus grande partie des quotidiens livrés sur abonnement en Allemagne le sont par portage, tôt le matin, ce qui garantit d'avoir le journal pour le petit-déjeuner. La plupart des entreprises de presse quotidienne disposent de leur propre structure de portage, moins onéreuse et plus efficace que l'envoi par la poste. Ces structures couvrent la région de parution. En dehors de celle-ci, les suprarégionaux (distribués au-delà de leur zone de parution) font appel aux réseaux de distribution d'éditeurs régionaux, ce qui peut mener parfois à des conflits. Ainsi, la *Süddeutsche Zeitung* a

---

1   On ne tient pas compte dans ce schéma de *L'Équipe*, qui n'est pas soumis à la même concur-rence que les quotidiens d'information générale et politique.

lancé en 2002 des pages Rhénanie du Nord-Westphalie (un essai qui a duré peu de temps) qui concurrençaient directement les quotidiens locaux. Les éditeurs locaux ont alors cessé de mettre leurs structures de distribution à sa disposition (Vogel, 2006 : 6). Mais dans l'ensemble, les coopérations sont normales et nombreuses dans ce domaine, même entre quotidiens régionaux concurrents. On retrouve ici l'imbrication d'entreprises différentes qui caractérise le paysage de la presse quotidienne régionale en Allemagne.

Le portage est souvent un travail d'appoint, par exemple pour des lycéens. Il consiste à déposer sur le seuil ou dans l'entrée de chaque maison ou immeuble le nombre d'exemplaires nécessaires, afin que les abonnés se servent. Encore une différence culturelle : en France, les journaux seraient immédiatement « empruntés » par d'autres que leurs destinataires officiels (ils le sont fréquemment même lorsqu'ils sont déposés dans les boîtes aux lettres). L'envoi des magazines, en revanche, est confié à la Deutsche Post, auprès de laquelle les produits de presse bénéficient de tarifs spécifiques. Les augmentations de tarifs sont négociées directement entre le VDZ (Fédération des éditeurs allemands de magazines) et la Deutsche Post et alignées sur l'inflation.

Le système de portage existe depuis longtemps, et il fonctionne très bien, au point que les éditeurs de presse, pour rentabiliser encore davantage ces structures, ont entrepris de concurrencer la Deutsche Post dans le domaine du courrier. Ainsi, les groupes WAZ, Holtzbrinck, Madsack et Bauer ont ouvert des filiales régionales de courrier. Le grand conflit a eu lieu en 2007, alors que plusieurs éditeurs avaient tenté de monter un service de courrier (le groupe PIN). La Deutsche Post a alors fait adopter une convention collective de branche (*Tarifvertrag*) fixant un salaire minimum pour les services postaux, contrant ainsi le projet des éditeurs de proposer un service moins cher en pratiquant un dumping salarial (voir aussi Le Floch, 2008 : 126). La Deutsche Post a poursuivi sa contre-attaque en annonçant son intention de publier un quotidien gratuit à contenu rédactionnel diffusé avec le courrier, une manière de grignoter les recettes publicitaires des quotidiens. Ceux-ci ont dénoncé le fait que cette concurrence viendrait directement de l'État, puisque celui-ci reste actionnaire à un tiers de la Deutsche Post. Le « Rapport sur les médias » publié par le gouvernement fédéral en 2008 (*Medien- und Kommunikationsbericht*, 2008 : 161) a d'ailleurs souligné le caractère anticonstitutionnel de ce projet, tant en ce qui concerne une éventuelle distorsion de la concurrence que dans le rapport à l'État.

2. Développement du portage en France

En France, au contraire, le portage n'est pas vraiment une tradition. Les entreprises de presse, en particulier dans la PQN (presse quotidienne nationale), sont largement tributaires de la Poste, ce qui implique un horaire de distribution tardif. On peut considérer que ces structures de distribution peu efficaces sont la cause du faible taux d'abonnement, mais l'inverse est tout aussi vrai : si l'abonnement est peu pratique

et sa distribution mal organisée, c'est aussi parce qu'il concerne peu de lecteurs. Le mode de vente traditionnel des journaux en France est bien la vente au numéro. Depuis la Libération, les éditeurs ont peu cherché à encourager l'abonnement, en particulier porté. Cela tient aux structures mises en place après 1944 : d'une part une aide de l'État permettant aux éditeurs de bénéficier d'un tarif postal préférentiel, d'autre part le fait que le portage était obligatoirement « assuré par des salariés des messageries de presse qui avaient le statut des ouvriers du Livre » et donc un salaire élevé (Eveno, 2008 : 164).

Les ventes baissant régulièrement, la question de la manière d'augmenter le nombre d'abonnés devient cruciale, et avec elle celle du portage. Sous l'impulsion de l'État qui a mis en place un dispositif spécifique d'aide au portage, la part de ce dernier dans les ventes a augmenté lentement mais régulièrement ces dernières années, : entre 2009 et 2010, elle est passée de 9,6 % à 11,4 % pour la PQN, et de 45,9 % à 47,6 % pour la PQR (presse quotidienne régionale) (calculs de l'auteur sur base OJD). Le portage rencontre cependant certaines difficultés matérielles quand les zones à couvrir sont trop grandes ou trop peu peuplées. À cela s'ajoutent plusieurs obstacles de nature culturelle : portes codées en région parisienne ; absence de boîtes aux lettres dans de nombreux immeubles ; vol très fréquent des exemplaires.

Le passage progressif à ce mode de distribution semble cependant permettre d'augmenter la part des abonnements et de limiter la baisse des ventes globales (Le Floch, 2008 : 69). Si l'évolution est moins rapide pour la presse quotidienne régionale, c'est parce que l'abonnement par portage y est déjà beaucoup plus développé, même si la situation est très hétérogène, par exemple entre *La Voix du Nord* (76 % d'abonnement) et *Le Parisien* (40 % d'abonnement) (chiffres OJD pour 2010).

Les groupes de presse régionale ont développé des structures qui, comme en Allemagne, fonctionnent de plus en plus comme prestataires de services pour la presse nationale, ainsi « *Le Parisien*, *La Dépêche du Midi*, *La Voix du Nord* ou encore *Ouest-France* ont porté chaque jour 60 000 exemplaires de PQN en 2010, soit 47 % de plus qu'en 2009 »[2]. Le modèle allemand est donc imité en France, et des études sont en cours sur la mutualisation de la distribution entre PQR et PQN. La Poste a elle aussi commencé à investir dans le portage en rachetant des entreprises spécialisées dans ce domaine.

Il semble pertinent de miser sur le développement de l'abonnement : les ventes par abonnement de la presse quotidienne française augmentent légèrement, compensant un peu la baisse des ventes au numéro. Au contraire, en Allemagne, la baisse des ventes touche toutes les catégories de vente : en dix ans, la *FAZ* a perdu 19 % de ses abonnements complets (6 jours par semaine), un chiffre qui atteint 34 % pour le quotidien économique *Handelsblatt*. Seule la *tageszeitung* a limité les pertes, avec

---

2   Feitz, Anne, « Les quotidiens défendent les aides au portage », *Les Échos*, 12/01/2011.

seulement 6 % d'abonnements en moins (*die tageszeitung*, 18/09/2011). Le marché allemand semble donc avoir atteint une certaine saturation en ce qui concerne le potentiel d'abonnement.

LA VENTE AU NUMÉRO

Dans le cas de l'abonnement, la distribution est une réponse à une demande précise de la part du lecteur. Pour la vente au numéro, il s'agit plutôt d'une offre adressée aux lecteurs potentiels dans des points de vente (détaillants ou diffuseurs) qu'il faut approvisionner en espérant que le lecteur ira s'y fournir. Cela suppose d'organiser un flux allant de l'imprimerie vers le détaillant, et un flux inverse pour les inévitables invendus. Ces flux ne sont géographiquement pas les mêmes dans les deux pays : ils ont lieu en France en grande partie entre Paris et la province, alors que le polycentrisme et le fort taux d'abonnement en Allemagne font que les flux y sont plutôt régionaux.

1. Le réseau de diffuseurs en France et en Allemagne

Points de vente en France et en Allemagne en 2010

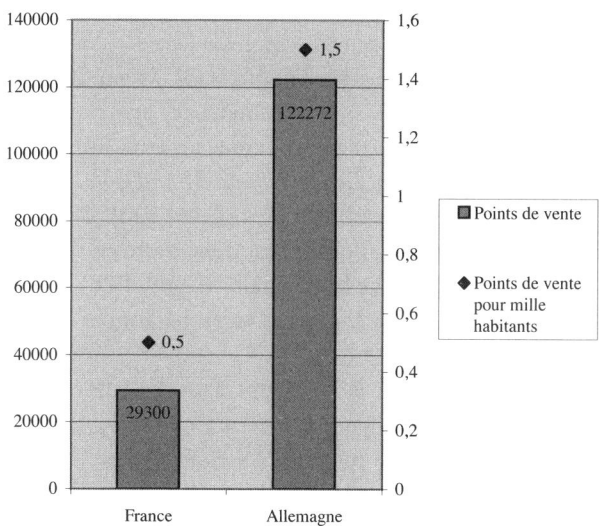

Schéma 18
Sources : Calculs de l'auteur sur base *Libération*, 27/06/2011 ; BVPG

Valérie Robert

En France, 3 500 titres sont distribués dans un réseau de 29 300 points de vente, un chiffre en légère augmentation depuis 2007, après des années de baisse. Il s'agit de magasins de presse, de kiosques, de magasins Relay (enseigne internationale du groupe Lagardère présente dans les gares et aéroports), de bar-tabacs presse ou de librairies-papeteries. On trouve également des rayons presse en hypermarchés, super-marchés, supérettes, stations-service, etc. Cette dernière catégorie de points de vente, moins traditionnelle, représentait fin 2010 un peu moins de 20 % du total des points de vente (source : Presstalis), une proportion en légère augmentation mais très faible par rapport à l'Allemagne.

En Allemagne, plus de 4 000 titres sont distribués dans 122 272 points de vente, un chiffre en légère augmentation depuis 2006, après une période de stabilité. Il y a donc quatre fois plus de points de vente en Allemagne qu'en France. On compte en Allemagne 1,5 point de vente pour 1 000 habitants, trois fois plus qu'en France, ce qui constitue le réseau le plus dense du monde.

Ceci est dû entre autres à une politique active des grossistes de presse, qui encouragent l'ouverture de points de vente de la presse dans des commerces dont ce n'est pas la vocation première : boulangeries, pâtisseries, supermarchés, stations-service, magasins de proximité, discounters comme Aldi et Lidl. Ces magasins représentent en 2010 environ 79 % des points de vente. S'ajoutent à cela les *stumme Verkäufer*, les « vendeurs muets », des casiers dans lesquels on peut piocher un exemplaire de quotidien en y glissant une pièce. S'il arrive que des exemplaires soient volés, ce phénomène est minoritaire, ce qui serait parfaitement impossible en France. L'expérience menée en ce sens par *Le Parisien* n'a pas été concluante (Charon, 2008b : 57).

On peut donc trouver de la presse quasiment partout et quasiment n'importe quand en Allemagne, ce qui n'est pas le cas en France. Ceci a bien sûr des consé-quences sur les ventes et la lecture de la presse, tout particulièrement de la presse quotidienne. Mais inversement, la baisse des ventes peut elle aussi avoir des consé-quences sur le nombre de points de vente.

Elle implique en effet une baisse des revenus des diffuseurs, qui consistent en France comme en Allemagne en une commission sur le prix de vente dont le montant dépend de nombreux facteurs (type de diffuseur, caractéristiques du titre). La four-chette de ces commissions va en Allemagne de 18,31 % à 20,24 % (IGF 2008 : 18), et en France, en théorie, de 10 % à 21,5 % en province et de 10 % à 21,9 % à Paris, Bordeaux, Lyon, Marseille (CSMP). La rémunération des diffuseurs français « est une des plus faibles qu'on puisse observer dans les pays européens » (Le Floch, 2008 : 13). Une modification en 2005 du décret à ce sujet a autorisé la mise en place de majorations « subordonnées à des critères objectifs, transparents, équitables et non discriminatoires, de nature à garantir le respect du principe de neutralité ». Lors des États généraux de la presse de 2008, il a été demandé que la rémunération des diffu-seurs passe de 17 % du prix de vente en moyenne à plus de 20 %. Même si on en reste loin, ceci s'est traduit par différentes hausses successives financées par les messageries et les éditeurs.

La baisse des ventes touche particulièrement les kiosquiers parisiens, aux conditions de travail pénibles et confrontés à la concurrence des quotidiens gratuits, souvent distribués à proximité des kiosques. Une baisse des ventes peut entraîner une chute du nombre de points de vente, qui elle-même, dans un cercle vicieux, a pour conséquence une baisse des ventes. C'est pour cette raison que les aides de l'État à la presse comportent un volet d'aide aux diffuseurs, qui a permis d'enrayer la baisse du nombre de points de vente mais pas encore de revenir au niveau antérieur.

2. Messageries de presse en France

En France, la vente par abonnement n'est pas organisée par la loi, contrairement à la vente au numéro, laquelle nécessite une organisation extrêmement complexe, en particulier pour les quotidiens, pour acheminer les exemplaires du lieu d'impression jusqu'aux points de vente sur l'ensemble du territoire. La loi du 2 avril 1947 sur la distribution des journaux (« loi Bichet ») stipule que

> Toute entreprise de presse est libre d'assurer elle-même la distribution de ses propres journaux et publications périodiques par les moyens qu'elle jugera les plus convenables.

Ceci ne vaut cependant que dans le cas où une entreprise de presse préférerait diffuser ses produits seule, ce qui ne concerne en réalité que la PQR. En général, il est avantageux de se regrouper, même entre titres concurrents, pour mutualiser à la fois l'infrastructure et les coûts. Dans le cas de groupage, la loi fixe qu'il est obligatoire de passer par des messageries qui ont le statut de coopératives. Ces coopératives appartiennent aux éditeurs qui fixent ensemble les tarifs valant pour tous les membres. La possibilité existe pour les coopératives de déléguer certaines tâches à des entreprises commerciales, les messageries, dans lesquelles elles doivent toutefois avoir une participation majoritaire. Le Conseil supérieur des messageries de presse (CSMP) compte parmi ses membres plusieurs représentants de l'État, appartenant aux différents ministères concernés.

La plus grosse entreprise de distribution de la presse en France, Presstalis (anciennement NMPP, Nouvelles Messageries de la presse parisienne), distribue la presse pour le compte de diverses messageries de la presse parisienne. Elle a été pendant longtemps à 49 % la propriété du groupe Lagardère (anciennement Hachette). Comme le prévoyait le rapport Mettling de 2010 (commandé par le Premier ministre), Lagardère a cédé ses parts en juin 2011 pour un euro symbolique, se désengageant ainsi d'une entreprise en difficulté et donc porteuse d'un risque financier. Presstalis est détenue désormais à 100 % par deux coopératives, celle des quotidiens (25 %) et celle des magazines (75 %), ce qui est un bouleversement radical du système mis en place en 1947.

Presstalis a une part de marché d'environ 80 %, contre 20 % pour les Messageries lyonnaises de presse (MLP), qui se consacrent exclusivement à la presse non quo-

tidienne. Ces messageries alimentent des dépositaires (grossistes), qui eux-mêmes alimentent les diffuseurs.

Les coopératives de messagerie doivent répondre aux « principes de liberté, d'égalité et de neutralité » (Derieux et Granchet, 2010a : 107). Elles doivent admettre et traiter de la même manière toute publication, excepté celles qui ont fait l'objet d'une mesure d'interdiction. En effet,

> pour garantir la liberté de la presse et le droit à l'information, le public doit pouvoir accéder librement à toutes les publications, sans que celles-ci soient sélectionnées sur des critères quelconques par les intermédiaires. (Derieux et Granchet, 2010a : 107)

Ce principe vise à contrer

> la tendance naturelle des diffuseurs [qui] serait de refuser des titres qui se vendent mal ou que l'on ne connaît pas et de favoriser les titres connus qui se vendent bien et génèrent de recettes importantes. (Toussaint Desmoulins, 2002 : 411)

Le système de distribution repose sur une solidarité entre titres, ceux qui se vendent le moins ou qui coûtent le plus cher à acheminer voyant leur coût de distribution réparti sur l'ensemble des membres de la coopérative, par un système de péréquation qui « implique que les magazines contribuent *de facto* à financer la distribution des quotidiens » (Le Floch et Sonnac, 2005 : 24) et dont la disparition menacerait les journaux les plus fragiles financièrement.

Presstalis connaît depuis de nombreuses années des difficultés financières, et l'entreprise a frôlé le dépôt de bilan en 2010. Face à une baisse récurrente des recettes, due à la baisse des ventes de la presse, un plan de « modernisation » (c'est-à-dire d'économies) financé par l'État a été adopté, qui vise aussi à mieux rémunérer les diffuseurs. Ce plan a mené à une réduction d'effectifs et a suscité un long conflit avec le Livre CGT, qui s'est traduit par des grèves, le blocage de centres d'impression et de la distribution des journaux. Parallèlement, Presstalis tente d'augmenter ses revenus en augmentant le nombre de points de vente et en utilisant son réseau logistique pour distribuer d'autres produits que la presse. L'entreprise tente également de relancer les ventes de la presse avec des opérations comme « Ma Carte Presse » (une carte prépayée pour un certain nombre de quotidiens nationaux qui équivaut à un abonnement à la vente au numéro).

3. Définition de l'assortiment en France

En France, c'est l'éditeur qui choisit le nombre d'exemplaires de chaque titre qu'il souhaite voir répartir entre les points de vente. Les diffuseurs n'achètent pas les titres, mais plutôt le droit de les vendre, et peuvent donc retourner les exemplaires invendus.

Ce système suscite beaucoup de critiques, car il multiplie le nombre d'invendus, encombre des points de vente souvent exigus et oblige à beaucoup de manutention.

En 2009 a été mis en place un plafonnement, en fonction des ventes passées, des quantités fournies pour chaque parution et chaque point de vente. Cette mesure ne touche pas les publications d'information politique et générale, ni les nouvelles publications, ni les titres ayant fait l'objet d'une publicité à la télévision ou à la radio. Il s'agit donc de combiner limitation des invendus et soutien au développement de la diffusion. Par ailleurs, des tests sont menés depuis 2006 en vue d'une réforme de l'assortiment permettant aux diffuseurs d'adapter leur offre à leur point de vente et à leur clientèle[3]. Afin de rester dans le cadre fixé par la loi Bichet, cette nouvelle liberté est réglementée. Les MLP y voient un risque que les petites et moyennes publications soient défavorisées, point de vue partagé par les éditeurs de ces dernières, qui considèrent cette mesure comme discriminatoire. L'application de cette réforme de l'assortiment souhaitée par les marchands de journaux reste pour le moment bloquée par les messageries[4].

4. Le *Presse-Grosso*

L'Allemagne ne connaît pas ce système de messageries coopératives. Les éditeurs sont fondamentalement libres de choisir leur mode de distribution, et il n'y a pas de loi portant sur la distribution de la presse. Les éditeurs assurent eux-mêmes une partie de l'approvisionnement des points de vente pour les journaux régionaux et la livraison directe dans les librairies des gares. Pour le reste de la vente au numéro, la distribution des produits de presse est effectuée par des intermédiaires, les grossistes. Ces prestataires de service ont une part de marché de 54 % de la distribution de la presse, ce qui en fait le canal de distribution le plus important. Les 69 grossistes sont réunis au sein du *Presse-Grosso*. Parmi eux, près de 83 % sont des grossistes indépendants, tandis que les autres sont des filiales d'un ou de plusieurs éditeurs associés.

Ce système, établi en Allemagne après la Seconde Guerre mondiale, a pour fonction de garantir la liberté de la presse et le pluralisme. Il repose, comme en France, sur le principe de neutralité : le *Presse-Grosso* doit traiter de la même manière tous les éditeurs et tous les points de vente et garantir la *Überallerhältlichkeit* (ou *Ubiquität*) de chaque titre, c'est-à-dire le fait qu'il puisse être obtenu partout, au prix fixé par l'éditeur.

Les relations entre éditeurs et grossistes reposent sur des conventions de branche, qui n'ont donc pas le statut de dispositions réglementaires. Les points principaux du système sont fixés dans un texte-cadre de 2004, la *Gemeinsame Erklärung* (Déclaration commune) de 2004, signée par les fédérations d'éditeurs de presse et par le *Presse-Grosso*. Ce texte affirme l'attachement des acteurs à la neutralité des

---

3   Debouté, Alexandre, « Les distributeurs de presse assignés en justice », *Le Figaro*, 26/03/2011.

4   *Ibid.*

grossistes et au traitement égal réservé à toutes les publications, il garantit la diversité et la *Überallerhältlichkeit*.

En Allemagne, les éditeurs disposent du *Dispositionsrecht*, le droit de déterminer les titres et les quantités fournis aux grossistes, mais ce sont les grossistes qui déterminent les titres et les quantités fournis aux diffuseurs. Ces derniers, comme c'est le cas en France, ne déterminent pas eux-mêmes la nature de leur assortiment. Le *Presse-Grosso* détermine l'assortiment selon un modèle qui a fait en 1993 l'objet d'un accord avec le BDZV et le VDZ, le *Koordiniertes Vertriebsmarketing* (marketing de distribution coordonné), qui vise à garantir l'accès au marché de tous les titres tout en tenant compte de la probabilité qu'ont les titres d'être vendus dans chaque point de vente. Le *Presse-Grosso* a également pour mission d'étendre le réseau des diffuseurs et de conseiller ces derniers afin d'améliorer la vente des journaux (mise en place des rayons, éclairage, etc.). Les grossistes et diffuseurs disposent du *Remissionsrecht*, le droit de retourner les invendus, pour lesquels ils sont remboursés.

Le principe de « neutralité » vise à donner à tous les éditeurs le même accès au marché, indépendamment de leur taille, le *Presse-Grosso* servant d'intermédiaire justement pour éviter par exemple qu'un éditeur puisse faire pression sur un grossiste en menaçant de renoncer à ses services si celui-ci ne lui accorde pas des conditions financières plus avantageuses.

Ce système a récemment fait l'objet de critiques de la part de l'éditeur Bauer, le plus gros éditeur de magazines en Allemagne, avec 19 % de part de marché en 2010 (Vogel, 2010 : 298). Bauer a attaqué le *Presse-Grosso* devant la Cour de justice fédérale ; il souhaite pouvoir négocier directement avec les différents grossistes le montant de leur commission. Le jugement que rendra la Cour de justice fédérale devrait décider en grande partie de l'avenir du système. Selon les petits et moyens éditeurs, une victoire de Bauer constituerait une menace pour la diversité de la presse et pour le pluralisme, puisque cela permettrait aux gros éditeurs d'influencer les distributeurs, ce qui pourrait mener à une augmentation des tarifs pour les titres à petite diffusion.

Pour le moment, les autres gros éditeurs ont choisi de rester dans le système en négociant, à la suite du groupe Springer, des conditions plus avantageuses en échange de leur soutien au système et à la *Gemeinsame Erklärung* (qui acquiert ainsi un statut plus contraignant qu'il ne l'était jusque-là).

5. Crise de la presse et intervention de l'État

En France comme en Allemagne, la crise de la presse mène à une fragilisation des systèmes collectifs. En France, le système coopératif et de péréquation est remis en cause par les éditeurs de magazines, qui ne souhaitent pas payer pour les autres publications. En Allemagne, la neutralité des grossistes est remise en cause par un éditeur de magazines qui souhaite bénéficier de conditions plus avantageuses au vu de sa part de marché. La démarche est similaire : réduire les coûts alors que les recettes des ventes et de la publicité baissent. Dans les deux cas, l'État est sollicité pour intervenir

au nom du maintien du pluralisme. Cela se produit en France par le biais des aides à la presse et de mesures visant à augmenter le nombre de kiosques.

En Allemagne, en principe, la distribution relève uniquement de conventions de branche et donc d'une autorégulation du secteur. Les partenaires (éditeurs et grossistes) ont d'ailleurs affirmé dans la *Gemeinsame Erklärung* qu'ils ne voyaient pas de nécessité de garantir ce système par une loi. Les instances de l'État fédéral sont néanmoins souvent intervenues, et continuent de le faire, dans les discussions entre les acteurs du secteur[5]. Depuis que le conflit entre l'éditeur Bauer et le *Presse-Grosso* s'est envenimé, des voix s'élèvent pour demander au gouvernement d'intervenir par le biais d'une réglementation. C'est le cas de la conservatrice *Frankfurter Allgemeine Zeitung*[6], pourtant plutôt hostile à l'intervention de l'État dans l'économie, qui rejoint la position de la fraction SPD au Bundestag, exprimée en juillet 2011 dans une question écrite au gouvernement. Dans ce texte, le SPD souligne l'importance d'un système de distribution qui garantisse l'égalité des chances et qui empêche une domination des grands éditeurs et demande si le gouvernement va s'employer à ancrer le système du *Presse-Grosso* dans la loi, en concertation avec les *Länder*. On voit donc que le principe de non-intervention de l'État dans les affaires de la presse en Allemagne n'est pas absolu : en cas de crise, l'État est appelé à intervenir, soit en sous-main, soit par la voie législative.

5   Jakobs, Hans-Jürgen, « Verleger Heinz Bauer. Die Freiheit nimmt er sich », *Süddeutsche Zeitung*, 13/01/2009.
6   Hauser, Jan, « Hier wird um jeden Regalmeter gekämpft », *FAZ*, 3/12/2010.

5

Propriété de la presse et concentration

Il existe de moins en moins de titres de presse isolés, paraissant en dehors d'un groupe. On peut citer *Le Télégramme de Brest* ou encore *Le Canard enchaîné* ; pour ce dernier, les actions sont la propriété collective du personnel et ne peuvent être vendues. La *tageszeitung* est la propriété d'une coopérative de lecteurs, un modèle hérité du mouvement alternatif dont le quotidien fut l'émanation. Le *Courrier Picard* était jusqu'en 2009 une coopérative, avant que ses sociétaires n'acceptent le rachat par le groupe La Voix du Nord. Le cas du magazine *Der Spiegel* est exceptionnel : son fondateur a donné la majorité des actions aux personnels, le groupe Gruner + Jahr n'a que 25,5 % des parts. Les personnels sont décisionnaires, et ce sont eux qui ont en 2008 décidé de changer de rédacteur en chef. Afin de protéger son indépendance, la *Frankfurter Allgemeine Zeitung* a pour sa part créé en 1959 la fondation FAZIT, qui est depuis son actionnaire majoritaire.

Le marché français se caractérise par une forte présence de groupes industriels qui ont investi progressivement dans les médias, alors que les acteurs présents sur le marché allemand de la presse sont des groupes dont l'activité traditionnelle est la presse (voir *infra*).

CAUSES ET CONSÉQUENCES DE LA CONCENTRATION

Le phénomène de concentration s'explique par le principe des « économies d'échelle » : il est plus avantageux, à partir de la même structure, de produire plusieurs journaux qu'un seul. D'un point de vue économique, la concentration dans des groupes donne plus de stabilité matérielle et financière. Si l'on en croit les éditeurs, les « petits » journaux déficitaires sont à l'abri au sein d'un groupe, où ils sont financés

par les recettes des plus gros journaux, comme le quotidien *Die Welt*, titre déficitaire du groupe Springer « subventionné » par les recettes de *Bild*.

La situation la plus fréquente est celle du rachat et de l'absorption d'une entreprise par une autre. Ce mouvement de concentration de la propriété des titres va en s'accélérant avec la baisse des recettes d'une part, qui fragilise les journaux les moins rentables, et avec les innovations techniques d'autre part, qui coûtent cher et creusent l'écart. On en arrive alors à des situations de monopole qui rendent difficile voire impossible l'arrivée de nouveaux acteurs sur le marché. C'est ce qu'on appelle en Allemagne le *Zeitungssterben*, la disparition des quotidiens locaux menant à la multiplication des *Einzeitungskreise*, ces endroits où les lecteurs n'ont plus à leur disposition qu'un seul titre local – une situation qui est la norme en France. Or le nombre de titres est une condition nécessaire (mais non suffisante !) de la diversité et du pluralisme.

Différentes études ont montré que lorsqu'un titre régional disparaît, ses anciens lecteurs cessent en majorité de lire la presse quotidienne (Charon, 2008b : 106). Plus généralement,

> le renforcement de la concentration conduit à une diffusion de la presse inférieure à celle observée dans un contexte concurrentiel. Ainsi, la diffusion des quotidiens régionaux est en moyenne inférieure de 25 % dans les départements monopolistiques. (Le Floch et Sonnac, 2005 : 81)

Ce constat fait pour la France est confirmé en Allemagne par une étude menée sur la diffusion des quotidiens régionaux dans les nouveaux *Länder*, un marché caractérisé par des monopoles locaux et où la diffusion des quotidiens baisse deux fois plus vite qu'à l'Ouest. Là aussi, un lien semble exister entre le désintérêt croissant des lecteurs et l'absence de concurrence et donc d'une pression obligeant à produire des journaux de meilleure qualité (Möhring et Stürzebecher, 2008). Le regroupement de plusieurs titres au sein de groupes peut également mettre en danger le pluralisme, par une uniformisation en cas de mutualisation des rédactions, et par une position dominante de certains éditeurs dans la formation de l'opinion, même s'il est possible que ce monopole soit contrebalancé par un pluralisme trans-médias, c'est-à-dire par l'existence de médias concurrents hors presse (radio, télévision, Internet).

Les différentes réglementations anti-concentration en France et en Allemagne sont censées préserver le pluralisme et empêcher un seul groupe d'acquérir une trop grande influence. Ainsi, le *Bundeskartellamt* a interdit en 1981 ce qui aurait été la plus grande fusion d'entreprises de presse dans l'histoire de la RFA : le rachat progressif du groupe Springer par le groupe Burda. En juillet 2011, l'Autorité de la concurrence française a encore souligné le risque que fait peser la concentration sur les contenus. Tout en autorisant le rachat du groupe *L'Est républicain* par le Crédit Mutuel, déjà très présent dans la PQR, elle a posé certaines conditions : maintien de la « diversité

des contenus » entre les différents titres, « maintien des rédactions en chef dédiées et garantie de la diffusion des titres de PQR rachetés dans les zones concernées ».

LES ACTEURS DE LA PRESSE QUOTIDIENNE

Patrick Eveno (2008 : 189), constatant que les groupes français sont plus petits en termes de chiffre d'affaires que les groupes allemands, en déduit que le marché des médias français est « très peu concentré ». Or ce critère n'informe que sur la taille respective des marchés, mais pas sur leur degré de concentration. Il semble donc plus utile de mesurer, dans chaque pays et pour chaque type de presse, la part des diffé-rents éditeurs dans le nombre de titres publiés et dans la diffusion globale. Pour la presse quotidienne, nous ne distinguerons pas entre presse nationale/suprarégionale et presse régionale. Certes, le lectorat de ces deux types de presse ne se recoupe que marginalement (Le Floch et Sonnac, 2005 :46), et le marché publicitaire n'est pas le même. Cependant, les groupes ont un poids dans la formation de l'opinion qui tient à l'addition de leurs différents titres, et c'est ce critère qu'il s'agira de mesurer ici.

1. Un marché français plus concentré

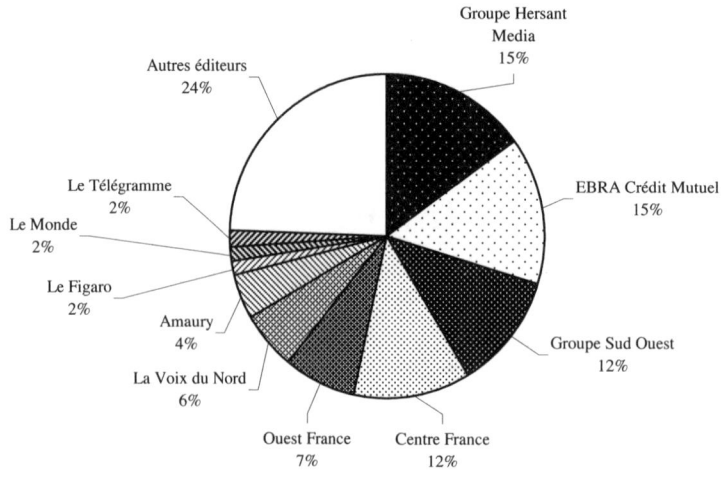

Presse quotidienne en France : part des grands éditeurs en pourcentage du nombre de titres (2010)

Groupe Hersant Media 15%

Autres éditeurs 24%

EBRA Crédit Mutuel 15%

Le Télégramme 2%

Le Monde 2%

Le Figaro 2%

Amaury 4%

La Voix du Nord 6%

Ouest France 7%

Centre France 12%

Groupe Sud Ouest 12%

Schéma 19
Source : Calculs de l'auteur sur base OJD, hors quotidiens gratuits [1]

1   Pour le Groupe Hersant Media, on ne comptabilise pas les quotidiens d'outre-mer. Pour le groupe Amaury, on inclut *L'Équipe*.

**Presse quotidienne en France :
part des grands éditeurs en pourcentage de la diffusion globale, 2010**

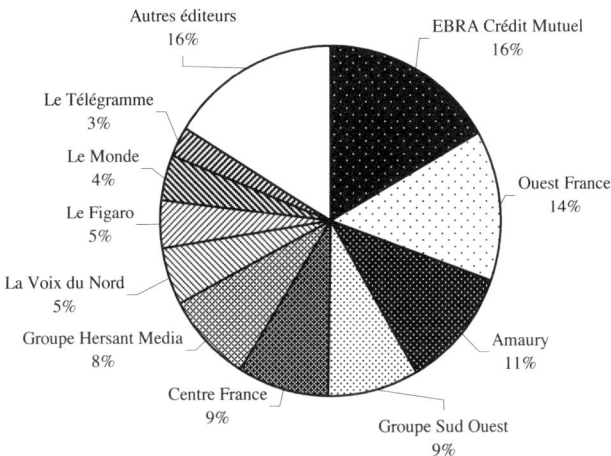

Schéma 20
Source : Calculs de l'auteur sur base OJD hors quotidiens gratuits

**Presse quotidienne en Allemagne :
part des grands éditeurs en pourcentage des « Verlage als Herausgeber », 2010**

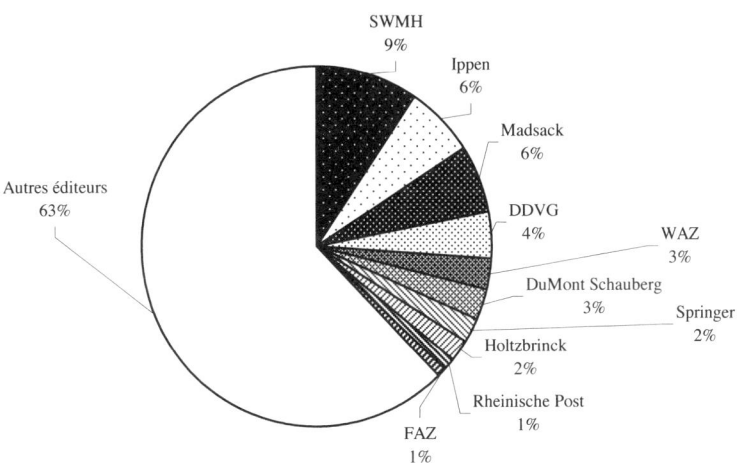

Schéma 21
Source : Calculs de l'auteur sur base Röper, 2010 et BDZV

Le calcul a été fait sur la base du nombre de *Verlage als Herausgeber*, les titres réellement différents (voir tableau 1), sans tenir compte d'éventuelles coopérations entre titres. Dans certains cas, la structure de l'actionnariat est complexe et il peut y avoir des recoupements, mais qui ne remettent pas fondamentalement en question cette répartition.

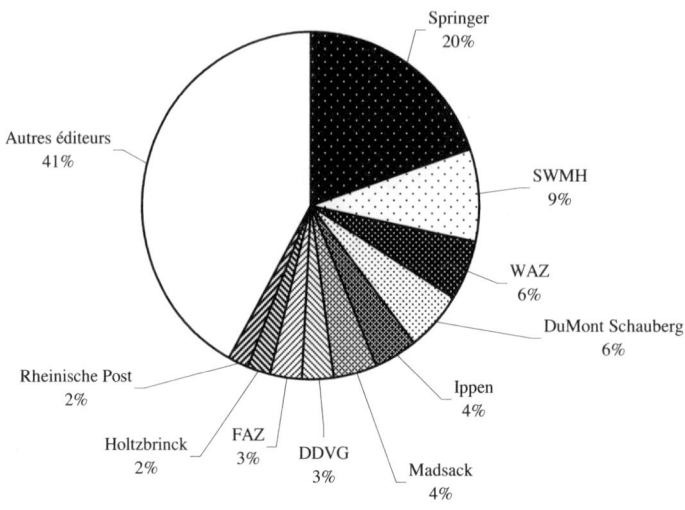

**Presse quotidienne en Allemagne : part des grands éditeurs
en pourcentage de la diffusion globale, 2010**

Springer
20%

SWMH
9%

WAZ
6%

DuMont Schauberg
6%

Ippen
4%

Madsack
4%

DDVG
3%

FAZ
3%

Holtzbrinck
2%

Rheinische Post
2%

Autres éditeurs
41%

Schéma 22
Source : Calculs de l'auteur sur base Röper, 2010 et BDZV

En France, les cinq plus grands éditeurs de presse quotidienne (Groupe Hersant Media, EBRA Crédit Mutuel, Groupe Sud Ouest, Groupe Centre France, Groupe Ouest France) ont une part de marché de près de 60 % et publient 50 % des titres. Les dix plus grands éditeurs atteignent une part de marché de plus de 84 %, pour 75 % des titres. En Allemagne, les cinq plus grands éditeurs de presse quotidienne (Springer, SWMH, WAZ, DuMont Schauberg, Ippen) ont une part de marché de près de 44 % et publient environ 24 % des titres. Les dix plus grands éditeurs atteignent une part de marché de 58 %, pour 38 % des titres. Le marché français de la presse quotidienne est donc beaucoup plus concentré que le marché allemand, et il l'est encore davantage si on ne compare qu'avec la presse allemande sur abonnement, pour laquelle les cinq plus gros éditeurs arrivent ensemble à une part de marché de 32,3 %, alors qu'on atteint 61 % en France, soit presque le double. Le marché allemand est plus fragmenté, et les (relativement) petits groupes familiaux y sont encore nombreux.

Dans les deux pays, la concentration est bien plus marquée en presse quotidienne régionale : sur le marché des quotidiens à abonnement, les cinq premiers groupes allemands sont des groupes à ancrage régional.

En France, seul le groupe Amaury publie plus d'un quotidien national (*Aujourd'hui en France* et *L'Équipe*) ; en Allemagne, seul le groupe Springer publie plus d'un quotidien suprarégional (*Bild* et *Die Welt*, le premier étant un *Kaufzeitung*). C'est grâce à l'énorme diffusion de *Bild* que Springer, en ne publiant que 2 % des titres de quotidiens, arrive à 20 % de la diffusion globale. L'éventuelle disproportion entre le

nombre de titres et la part de marché tient donc à la nature de ces titres et à leur zone de diffusion.

En Allemagne, les groupes se sont majoritairement développés à partir de titres de la presse régionale, puis ont élargi leur champ d'action par-delà leur « terrain » d'origine, soit localement, soit dans la presse suprarégionale, soit dans les nouveaux *Länder* : parmi les dix premiers groupes, huit ont des participations dans un ou plusieurs quotidiens régionaux de l'Est. Ces groupes sont tous des groupes familiaux, dont la presse est le métier d'origine, avec une diversification *a posteriori* dans le multimédia.

Une autre spécificité allemande est la présence sur le marché de la presse quotidienne de la DDVG, la holding médias du SPD, le parti social-démocrate. Elle est un des principaux actionnaires du groupe Madsack et possède des participations dans treize quotidiens régionaux, dans des radios privées, dans des imprimeries et des sociétés de distribution. Elle a également été pendant quelques années la propriétaire du quotidien suprarégional *Frankfurter Rundschau*, dont elle possède encore 40 %. Alors que les autres partis souhaiteraient démanteler la DDVG, le BVG a jugé en 2008 que la présence de partis dans le domaine des médias était conforme au *Grundgesetz* : tant qu'ils ne dominent pas le marché, ils bénéficient des libertés accordées par l'article 5. Les journaux dont la DDVG est propriétaire ou actionnaire ne sont pas des journaux de parti. La question de savoir si le SPD exerce une influence sur leur ligne éditoriale a cependant été évoquée en particulier à propos de la *Frankfurter Rundschau* : il semble que cela se soit produit au moins une fois, lorsqu'en 2005 la responsable des participations à des entreprises au sein du SPD écrivit au rédacteur en chef de la *Frankfurter Rundschau* pour lui recommander la publication d'un article (*die tageszeitung*, 19/10/2007).

2. Évolutions en Allemagne

Ce paysage a connu des changements depuis le milieu des années 2000, considérables à l'échelle de l'Allemagne mais assez limités en comparaison de la France. Entre 2008 et 2010, le nombre de cessions de journaux a atteint un niveau jamais atteint en dehors de la période de la réunification, exceptionnelle à tous points de vue.

En 2002, le groupe de presse locale SWMH est entré dans le capital du Süddeutscher Verlag (éditeur du suprarégional *Süddeutsche Zeitung*), et en a pris le contrôle à 81 % en 2008. En 2004, la DDVG a racheté pour un euro la *Frankfurter Rundschau*, avec pour but affiché de lui éviter la faillite et de la revendre après avoir amélioré sa situation financière. Après diverses mesures de réduction des coûts, la DDVG a en 2006 revendu 50 % de ses parts à M. DuMont Schauberg, groupe familial jusque-là actif surtout dans la région de Cologne. En 2004, le *Bundeskartellamt* a interdit la vente par Gruner + Jahr du Berliner Verlag au groupe Holtzbrinck ; ceci a eu pour conséquence l'arrivée en 2005 de fonds d'investissement étrangers. La BV Deutsche Zeitungsholding du groupe britannique Mecom a racheté le Berliner Verlag (qui

comprend entre autres la *Berliner Zeitung* et le *Berliner Kurier*) et la *Hamburger Morgenpost*, tentant de construire un empire de presse en Allemagne. En 2008, le groupe était à la dixième place des plus grands éditeurs de presse quotidienne. En 2009, le groupe Mecom, criblé de dettes, a revendu ses titres en Allemagne au groupe M. DuMont Schauberg, qui depuis met en œuvre une politique de mutualisation entre ses titres, entre autres en regroupant les rédactions de la *Berliner Zeitung* et de la *Frankfurter Rundschau* dans une *newsroom* commune à Berlin. Le groupe Gruner + Jahr a racheté en 2008 les parts (50 %) que détenait le groupe britannique Pearson dans le *Financial Times Deutschland*. En 2009, le groupe Springer a vendu au groupe Madsack ses participations dans sept quotidiens régionaux.

Ces mouvements ont modifié la hiérarchie des groupes et mis en évidence des stratégies nouvelles. Les groupes ou journaux qui changent de mains sont de plus en plus gros, et la presse suprarégionale n'est plus épargnée. Le groupe DuMont Schauberg a pris une importance suprarégionale et s'est réorganisé en holding; il possède désormais quatre des neuf *Kaufzeitungen* paraissant en Allemagne et il est devenu le seul groupe avec Springer à éditer à la fois des suprarégionaux, des régionaux et des *Kaufzeitungen*.

3. « Sauterelles » et nouveau modèle

L'épisode Mecom a été vécu comme traumatique : c'était la première (et jusqu'ici la dernière) fois qu'un groupe à la fois étranger et étranger aux médias prenait le contrôle d'un *Abozeitung* allemand[2]. L'arrivée dans le domaine de la presse quotidienne de ces investisseurs et leurs exigences jugées démesurées en matière de rentabilité ont donné naissance au concept de *Heuschrecken* (les sauterelles) et ont suscité des protestations publiques de la part des rédactions concernées, une pétition d'intellectuels et de politiques et un débat de fond sur les droits et les devoirs des éditeurs de presse. La politique s'en est mêlée, regrettant que le groupe n'ait pas été vendu à un groupe allemand. La politique menée par Mecom a confirmé ces craintes : suppression de postes, économies à marche forcée, ingérence des gestionnaires et en particulier de la régie publicitaire dans le travail de la rédaction.

On a vu se développer par contraste une idéalisation d'un autre modèle, celui de l'éditeur allemand héritier d'un groupe familial ancestral, intéressé davantage par le contenu que par la rentabilité. Ainsi, Alfred Neven DuMont affirmait en 2006 que « les journaux ne sont pas des marchandises » et que les investisseurs financiers représentaient un danger pour la qualité de la presse et pour son indépendance : « ils ne pensent pas dans les mêmes catégories que nous, en tant qu'entrepreneurs fami-

---

2   Le fonds d'investissement américain Hellman & Friedman possédait jusqu'en 2008 une participation minoritaire de 19,4 % dans le groupe Springer. La participation du groupe Murdoch à la création du quotidien de boulevard *Super!* n'a pas non plus choqué, probablement parce qu'il s'agissait d'un *Kaufzeitung*, un quotidien de boulevard.

liaux, dans la douzième génération et avec une histoire de presque quatre cents ans » [3]. Ce discours présentant les éditeurs allemands comme les seuls garants de l'ambition journalistique contraste avec les pratiques du groupe M. DuMont Schauberg depuis qu'il a enfin pu racheter les journaux en question : si les exigences de rentabilité sont moindres, les méthodes sont assez similaires. L'épisode Mecom a ouvert la voie à ce qui semblait encore absurde en 2005 : des synergies entre quotidiens éloignés géographiquement, quitte, dans le cas de la *Frankfurter Rundschau*, à abandonner *de facto* sa vocation suprarégionale pourtant inscrite dans ses statuts. La rupture avec le modèle allemand traditionnel de l'expansion locale et/ou de l'indépendance de rédactions situées dans des zones différentes a donc finalement été réalisée par des éditeurs allemands (voir chapitre 8). D'ailleurs, dans les pays d'Europe de l'Est où les éditeurs allemands sont très présents, leurs méthodes sont bien plus orientées vers la rentabilité que vers le maintien de traditions journalistiques nationales.

Ces évolutions montrent aussi que l'indicateur de la part de marché a ses limites puisqu'il ne permet pas de mesurer la diversité de la presse en termes d'autonomie rédactionnelle des titres (Le Floch et Sonnac, 2005 : 82). De ce point de vue, le paysage allemand est plus concentré que ne le montrent les chiffres : les prises de participation, parfois croisées, et les coopérations rédactionnelles diverses créent une structure très complexe.

4. Presse régionale en France : une réorganisation profonde

En France, les groupes les plus importants sont des groupes de presse régionale, mais seuls quelques-uns d'entre eux sont traditionnellement ancrés dans une zone de diffusion précise. C'est le cas par exemple des groupes Ouest France et Centre France. Le groupe désormais en tête du classement, le groupe EBRA Crédit Mutuel, a été constitué par les achats successifs de morceaux de groupes précédents. Le paysage de la presse quotidienne régionale a fait l'objet d'une réorganisation profonde, qui a suscité une concentration accrue et l'arrivée sur le marché de groupes étrangers à la presse. Les principaux mouvements dans la presse quotidienne régionale ont été :

• en 1996, la mort de Robert Hersant, surnommé « le papivore », qui laissait un empire en deux branches : la Socpresse et France-Antilles ;

• en 2004, le rachat de la Socpresse par Serge Dassault, qui n'en a conservé que *Le Figaro* et a cédé la presse régionale par morceaux ;

• en 2005, le rachat du groupe La Voix du Nord par l'éditeur belge Rossel, et en 2010 l'entrée à hauteur de 25 % du Crédit Agricole dans le groupe, qui regroupe désormais *La Voix du Nord, Nord Éclair, Le Courrier Picard, Nord Littoral, Direct Lille Plus* (gratuit), des hebdomadaires locaux et une chaîne de télévision régionale ;

---

3   « „Attackiert! Seid streng!"; Verleger Alfred Neven DuMont über die *Frankfurter Rundschau*, Finanzinvestoren und kritischen Journalismus », *Süddeutsche Zeitung*, 29/07/2006.

• en 2005, le rachat du pôle Ouest de la Socpresse (*Le Courrier de l'Ouest, Le Maine libre, Presse Océan*) par le groupe Ouest France ;

• depuis 2006, la transformation progressive du Crédit Mutuel en nouveau « papivore »[4] : le groupe EBRA Crédit Mutuel devenu le premier pôle de PQR possède en 2010 les quotidiens d'une zone allant de Strasbourg à la Provence (avec entre autres l'ancien pôle Rhône-Alpes de la Socpresse) ;

• l'entrée dans la PQR des groupes Le Monde et HFM (Lagardère), qui projetaient un regroupement de leurs titres régionaux dans une filiale commune, puis leur sortie quelques années plus tard, ce qui a provoqué une nouvelle recomposition du secteur. Les Journaux du Midi (*Midi Libre, L'Indépendant, Centre-Presse, Montpellier Plus*) ont été revendus en 2007 au groupe Sud Ouest, et la PQR de Lagardère (*La Provence, Nice Matin, Corse Matin, Var Matin*) a été rachetée en 2007 par l'ancien groupe France Antilles, devenu le Groupe Hersant Médias (GHM). Lagardère s'est retiré totalement de la PQR en 2010.

En moins de dix ans, près de 40 % des titres de la PQR ont changé de mains, et ce mouvement de reconfiguration, qui va dans le sens de la création de blocs régionaux, n'est probablement pas terminé. Déjà s'annonce une nouvelle coopération à distance : le Groupe Hersant Média pourrait pour sa part créer une coentreprise avec le groupe belge Rossel (La Voix du Nord).

Certains considèrent que ce mouvement de concentration est vertueux et constitue « la seule et unique façon de maintenir de la presse de proximité et de qualité sur le territoire français » (J. Hardoin, DG de La Voix du Nord, *Le Figaro*, 6/01/2011). D'autres au contraire observent en particulier le développement du groupe EBRA de manière très critique. Pour François-Régis Hutin, PDG du groupe SIPA Ouest France :

> C'est un désastre : des titres comme *Le Progrès, Le Dauphiné, Midi Libre, Le Républicain lorrain*, avec une politique éditoriale claire et une forte identité, sont aujourd'hui fondus dans des groupes, avec un risque de déperdition de substance. (*Le Monde*, 13/11/2007)

Venant d'un groupe qui était jusqu'alors le premier en taille, la critique ne manque pas de sel. Se fait jour ici un discours qui n'est pas sans rappeler celui des éditeurs allemands contre les « sauterelles » : une opposition entre éditeurs dont la presse est traditionnellement le métier et investisseurs censés être uniquement à la recherche du profit.

Hutin souligne également un aspect nouveau en France comme en Allemagne : le développement de groupes visant à des synergies par-delà la région d'origine. Le groupe Crédit Mutuel a mis en place une mutualisation entre ses journaux d'une ampleur jusque-là inconnue en France. La question se pose nécessairement de savoir

---

4   Calinon, Thomas, « Quand le Crédit Mutuel se transforme en papivore », *Libération*, 17/11/2010.

si cette logique va mener à des mutualisations sur le plan journalistique et toucher à l'identité locale des quotidiens. Le groupe La Voix du Nord a ainsi créé une rédaction centrale pour ses trois quotidiens. Cette tendance au regroupement des rédactions reste toutefois – pour le moment – moins marquée qu'en Allemagne.

5. Des investisseurs étrangers aux médias

Une tendance forte en France est l'arrivée sur le marché de la presse quotidienne d'investisseurs étrangers à la presse, par exemple des banques. Le Crédit Mutuel a progressivement constitué le premier groupe de presse régionale ; le Crédit Agricole semble vouloir lui emboîter le pas. La question se pose bien sûr de la légitimité de ces acteurs dans le champ de la presse. On observe beaucoup moins cette tendance en Allemagne, même si la Deutsche Bank a détenu pendant quelques années une petite part (8,3 %) du groupe Springer.

Des fonds d'investissement étrangers s'intéressent également de près à la presse quotidienne régionale française : ainsi, Mecom, qui venait tout juste d'investir en Allemagne, était candidat à la reprise du pôle Rhône-Alpes de la Socpresse. Dassault a finalement choisi un repreneur français ; il semble qu'il y ait été contraint à la suite d'une intervention officieuse du plus haut niveau de l'État[5]. Mecom a également tenté en 2007 de racheter les régionaux du groupe Le Monde et de Lagardère, une annonce qui a suscité une grève dans certaines rédactions françaises, exactement comme cela avait été le cas en Allemagne. Lorsque le groupe Le Parisien a été temporairement mis en vente en 2010, le groupe belge Rossel s'était associé à un fonds d'investissement pour déposer une offre. Ceci concerne également la presse magazine : depuis sa vente par le groupe Le Monde en 2009, le groupe Fleurus est détenu en partie par un fonds d'investissement américain.

La présence d'entreprises étrangères à la presse est caractéristique de la France, où elle est favorisée : en investissant dans des publications quotidiennes ou mensuelles consacrées pour une large part à l'information politique et générale, ces entreprises bénéficient d'une réduction de l'impôt sur les bénéfices (Derieux et Granchet, 2010a : 139). De nombreux secteurs sont désormais représentés dans la presse et les médias : le groupe de bâtiment Bouygues en télévision et dans la presse quotidienne gratuite (*Metro*), le groupe LVMH, spécialisé dans l'industrie du luxe, dans la presse quotidienne (*Les Échos*) et l'audiovisuel (*Radio Classique*), des groupes d'armement et d'aéronautique comme Lagardère dans l'audiovisuel et la presse magazine ou Dassault dans la presse quotidienne (*Le Figaro*), le groupe de transport et de logistique Bolloré dans la presse quotidienne gratuite (*Direct Matin* et le réseau Ville Plus) et dans l'audiovisuel. Cette « pénétration d'enjeux proprement industriels » dans le domaine de la presse (Chupin *et al.*, 2009 : 110), implique la possibilité de conflits d'intérêts (voir chapitre 10).

---

5   Silbert, Nathalie, « Presse régionale : la nouvelle donne », *Les Échos*, 9/02/2006.

Une telle situation reste pour le moment inconcevable en Allemagne (mis à part l'épisode Mecom) : si les groupes y sont de plus en plus diversifiés, ils se sont développés à partir des médias, en particulier de la presse. Les éditeurs allemands, quand ils vendent des titres, le font de préférence de manière interne à la branche. Il ne s'agit cependant pas nécessairement, comme on peut le lire parfois (Bourgeois, 2010 : 69), d'une règle non écrite qui viserait à préserver la démocratie, en référence à l'emprise du groupe Hugenberg (groupe ultraconservateur venant de l'industrie lourde) sur les médias et la politique pendant la République de Weimar. Il s'agit probablement d'une logique de branche, celle d'entrepreneurs de presse qui considèrent que leur métier a ses spécificités et que le principal critère lors d'un rachat est la compétence du repreneur. L'économie allemande est structurée en branches souvent étanches entre elles, avec de puissantes organisations collectives (BDZV pour les éditeurs de quotidiens d'une part, syndicats de journalistes d'autre part) qui négocient entre elles des accords de branche.

Cependant, cet entre-soi des éditeurs a des limites. Nous l'avons vu avec l'épisode Mecom, et un exemple moins connu mais beaucoup plus important en parts de marché le confirme. En 1981, Axel Springer choisit de vendre son entreprise aux frères Burda, également éditeurs. Ce premier choix ayant été interdit par le *Bundeskartellamt*, Springer envisagea alors une dispersion de 49 % des actions parmi différents groupes tout à fait extérieurs à la presse, dont le point commun était d'être politiquement de tendance conservatrice[6], ce qui était pour Springer le critère essentiel : Bosch, le fabricant automobile Daimler-Benz, l'assureur Allianz. Ce projet a suscité un débat tant parmi les éditeurs que parmi les politiques sur le risque d'une influence de l'industrie sur la politique par le biais des médias du groupe Springer, en particulier *Bild*. Mais si ce projet ne s'est pas réalisé, c'est surtout parce que les industriels concernés n'étaient pas particulièrement intéressés, considérant que la presse était un métier inconnu et par conséquent risqué. L'absence sur le marché allemand de la presse de groupes étrangers à la presse est due tout autant au désintérêt des autres secteurs industriels qu'à un repli sur soi des éditeurs, deux tendances qui sont cependant tout à fait susceptibles d'évoluer.

6. Bouleversements dans la presse quotidienne nationale

La PQN française a également connu nombre de changements de propriétaires ces dix dernières années ; la presse allemande a parlé à ce sujet de « soldes »[7], qui ont connu leur apogée en 2010.

Le Monde, après s'être endetté en tentant à partir de 2000 de constituer un groupe comprenant magazines et PQR, a dû vendre en 2007 une partie de ses actifs. Ce groupe a frôlé le dépôt de bilan en 2010. Il a trouvé des investisseurs prêts à investir

---

6   « Angst vor Hugenberg », *Der Spiegel*, 20/1985.
7   Alich, Holger, « Ausverkauf bei Frankreichs Zeitungen », *Handelsblatt*, 08/06/2010.

110 millions d'euros, qui détiennent désormais 60 % du groupe, viennent d'autres secteurs et ne sont actifs qu'à la marge dans la presse magazine : le trio Bergé-Niel-Pigasse réunit un homme d'affaires et mécène (par ailleurs président fondateur du magazine *Têtu*), le fondateur du fournisseur d'accès Internet Free, et un banquier d'affaires (propriétaire depuis peu du magazine *Les Inrocks*). Le groupe Lagardère a cédé sa part du quotidien puis sa part du Monde Interactif, une filiale en bonne santé économique qui produit le site lemonde.fr. Cette recapitalisation s'est accompagnée d'un changement à la tête du journal.

Le Figaro est depuis 2004 la propriété de l'industriel Serge Dassault, par ailleurs sénateur UMP, actif principalement dans l'aéronautique et l'armement et dont l'un des principaux clients est l'État français. *Libération*, qui a frôlé le dépôt de bilan en 2006-2007, a changé de directeur et a comme actionnaires principaux le banquier d'affaires Rothschild et un groupe immobilier ; l'homme d'affaires Pierre Bergé en est également actionnaire. *Le Parisien*, qui devait être vendu fin 2010 et avait suscité l'intérêt du groupe Dassault, reste finalement au sein du groupe Amaury (dont Lagardère est actionnaire à 25 %), mais avec des réductions de personnel drastiques. *France Soir,* après avoir changé sans arrêt de propriétaire et de formule, ne réussit pas à atteindre les chiffres de diffusion fixés par son propriétaire depuis 2009, Alexandre Pougatchev, le fils d'un oligarque russe, totalement étranger au monde de la presse. Les sommes investies (60 millions en 2009-2010) et l'absence de projet clair font soupçonner qu'il pourrait s'agir d'une entreprise de blanchiment d'argent[8]. Le titre a été placé en procédure de sauvegarde en août 2011. *Les Échos* ont été pendant vingt ans la propriété du groupe de presse britannique Pearson. Ce fut le premier quotidien national à devenir la propriété d'une entreprise étrangère. Il a été racheté en 2007 par le groupe LVMH, actif dans le secteur du luxe, qui a alors dû revendre *La Tribune*, l'autre quotidien économique. Celui-ci a été racheté par Alain Weill, présent dans l'audiovisuel avec NextRadio TV. Ce dernier a ensuite revendu le titre pour un euro symbolique à sa directrice générale, qui depuis cherche en vain des investisseurs pour une recapitalisation. Le quotidien a été placé fin 2010 en procédure de sauvegarde. D'une manière générale, la presse économique française, touchée par la migration de la publicité financière vers Internet, se porte mal.

L'Humanité, chroniquement en difficulté, a ouvert son capital en 2001. Parmi ses actionnaires, on trouve des représentants du PCF, le personnel, la société des lecteurs, celle des amis de *L'Humanité*, et enfin une curiosité : la Société Humanité Investissement Pluralisme qui détient 20 % des actions et regroupe TF1, Lagardère, la Caisse d'Épargne. Ces sociétés n'ont pas de pouvoir de décision dans une « structure verrouillée par le PCF », et leur soutien semble s'expliquer « par une solidarité

---

8   Soubrouillard, Régis, « Le "banquier de Poutine" reprend France-Soir. Tout le monde s'en fout ! », Marianne 2, 22/01/2009, http://www.marianne2.fr/Le-banquier-de-Poutine-reprend-France-Soir-Tout-le-monde-s-en-fout_a174220.html, page consultée le 1/08/2011.

professionnelle, plutôt que par une quelconque logique économique »[9]. *L'Humanité* est cependant toujours en difficulté et lance régulièrement des appels à souscription.

Parmi les neuf quotidiens nationaux d'information politique et générale, cinq sont donc la propriété de groupes ou d'investisseurs dont la presse n'est pas le métier d'origine, et seuls quatre n'ont pas changé de propriétaire durant les dix dernières années : *L'Équipe, Aujourd'hui en France, La Croix, L'Humanité*. La PQN française se caractérise par une profonde instabilité quant à la propriété des titres, due aux difficultés financières que traversent ceux-ci à cause d'un lectorat structurellement faible et de la chute des recettes publicitaires. Malgré des perspectives de profit extrêmement faibles, on note une forte présence de groupes étrangers aux médias. Cela mène à s'interroger sur la rationalité (économique, politique, idéologique ?) à l'œuvre dans ces acquisitions et l'on pourrait gloser à l'infini sur le cas de *France Soir*, un exemple caricatural où se mêlent tous les éléments d'un mauvais roman. Plus généralement, ces investissements peuvent avoir pour but d'exercer une influence politique ; ils peuvent aussi, ce qui n'est pas contradictoire, être liés aux intérêts spécifiques des entreprises d'origine, en particulier celles qui vivent des commandes de l'État (comme Lagardère, Dassault ou encore Pougatchev). Dans tous ces cas se pose la question de l'importance respective et de la compatibilité de la logique industrielle et de la mission d'intérêt public propre aux quotidiens (voir chapitre 10).

LES ACTEURS DE LA PRESSE MAGAZINE

1. Un degré de concentration comparable

La presse magazine est fortement concentrée en France comme en Allemagne. Quelques grands éditeurs, qui sont sauf exception des groupes, dominent très largement le marché en termes de diffusion.

---

9   Arboit, Gérald, « La nouvelle économie politique de L'Humanité », in *AFRI*, 2002/III, p. 837-839.

Presse magazine grand public en France :
part des grands éditeurs en pourcentage des titres certifiés OJD (2010)

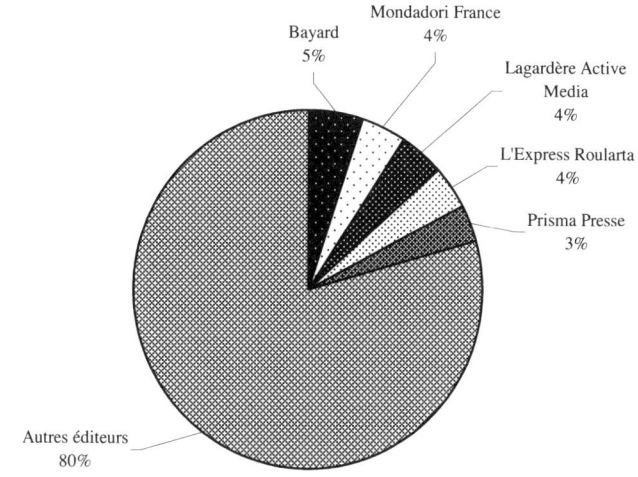

Bayard
5%

Mondadori France
4%

Lagardère Active
Media
4%

L'Express Roularta
4%

Prisma Presse
3%

Autres éditeurs
80%

Schéma 23
Source : Calculs de l'auteur sur base OJD ;
on ne tient pas compte ici de la presse hebdomadaire régionale.

Presse magazine grand public en France :
part des grands éditeurs en pourcentage de la diffusion globale (2010)

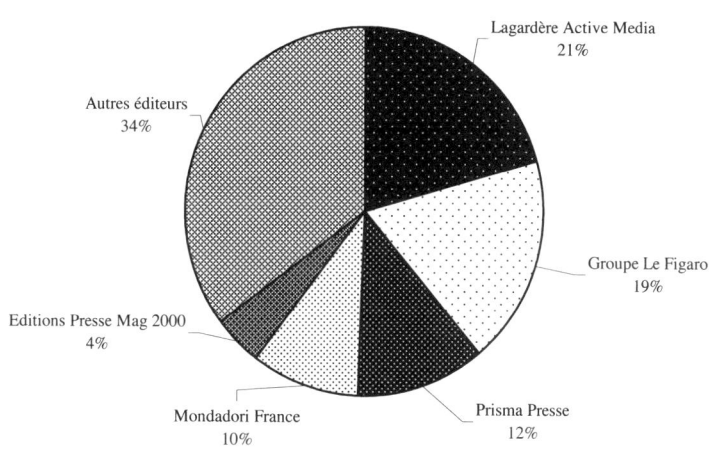

Lagardère Active Media
21%

Autres éditeurs
34%

Groupe Le Figaro
19%

Editions Presse Mag 2000
4%

Prisma Presse
12%

Mondadori France
10%

Schéma 24
Source : Calculs de l'auteur sur base OJD

**Presse magazine grand public en Allemagne :
part des grands éditeurs en pourcentage des titres certifiés IVW (2010)**

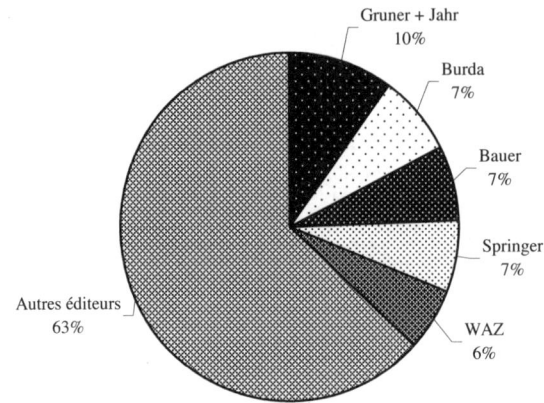

Schéma 25
Source : Vogel, 2010

**Presse magazine grand public en Allemagne :
part des grands éditeurs en pourcentage de la diffusion globale (2010)**

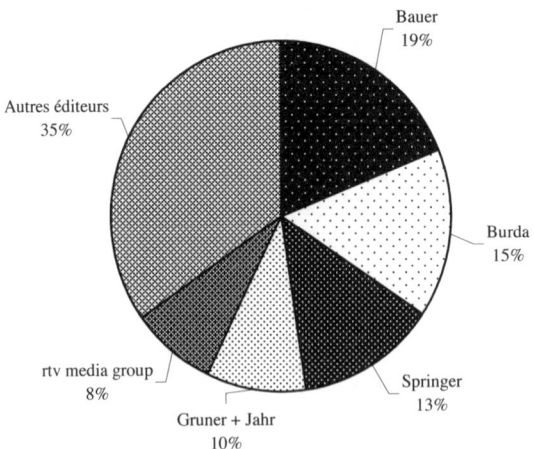

Schéma 26
Sources : Vogel, 2010 ; calculs de l'auteur sur base IVW

La part de la diffusion des cinq plus grands éditeurs est à peu près équivalente en France et en Allemagne (près de 65 %). Mais les disparités de taille sont plus marquées en France qu'en Allemagne, et la part de marché des gros éditeurs français est parfois disproportionnée par rapport au nombre de titres qu'ils produisent. Ainsi, Éditions Presse Mag 2000 ne produit qu'un seul titre (*Télé Z*) ; rtv media group a une situation comparable. Les suppléments fournis à la PQR ont également une place spécifique : *Version Femina* pour Lagardère (fourni à 37 éditions de quotidiens régionaux et au *Journal du Dimanche* en Île de France) et *TV Magazine* pour le groupe Le Figaro (distribué chaque semaine avec 58 quotidiens). En Allemagne, des équivalents existent, les programmes TV *rtv* et *Prisma*. Ces magazines sont très rentables pour leurs éditeurs et tout aussi précieux pour les quotidiens régionaux, à qui ils garantissent des ventes importantes (voir chapitre 7).

En Allemagne, la situation est plus équilibrée : un tiers des titres représentent deux tiers de la diffusion globale, et les groupes présents sur ce marché produisent une quantité de titres comparable.

Dans les deux pays, on trouve parmi les grands éditeurs de presse magazine à la fois des groupes dont c'est l'unique activité dans la presse écrite (Bauer, Burda en Allemagne ; Lagardère[10], Prisma, Mondadori, L'Express Roularta, le groupe Nouvel Observateur, Bayard, Uni-éditions en France) et des groupes venus de la presse quotidienne (Springer, WAZ en Allemagne ; les groupes Le Figaro, Le Monde en France). Les plus gros éditeurs de magazines allemands sont les groupes Bauer (groupe familial leader pour les magazines populaires, télé, féminins et jeunesse), Burda (groupe familial éditeur de *Focus* et *Bunte*), Springer, Gruner + Jahr (éditeur de *Stern*, *Geo*, *Capital*, du féminin *Brigitte*, et qui détient 25,5 % du *Spiegel*, c'est une filiale à 74,9 % du groupe Bertelsmann, géant mondial des médias présent aussi en France avec RTL et M6) et rtv media group (filiale également de Bertelsmann). En France, l'acteur dominant est le groupe Lagardère, qui a pendant longtemps été le premier éditeur mondial de presse magazine grand public (avec 212 titres édités dans 45 pays, dont 42 éditions internationales de *Elle*). Le groupe a vendu en mars 2011 l'ensemble de ses magazines à l'étranger au groupe américain Hearst.

On constate à nouveau la présence d'acteurs venant d'autres secteurs : le groupe Lagardère, le groupe Uni-éditions (1,3 % de parts de marché) qui est une filiale du Crédit Agricole et possède *Dossier Familial*, le premier mensuel français avec plus d'un million d'exemplaires vendus chaque mois.

2. Acteurs étrangers

De nombreux acteurs étrangers, en particulier allemands, sont présents sur le marché français. Cela tient bien sûr à l'internationalisation générale de la presse

---

10   Qui publie aussi *Le Journal du Dimanche*.

---

magazine, mondialement dominée par quelques grands groupes, mais le nombre d'éditeurs étrangers en France est bien supérieur à ce que connaît l'Allemagne.

Le seul grand éditeur français présent en tant que tel en Allemagne est le groupe Bayard dont la filiale allemande a racheté en 2008 les magazines du groupe Weltbild (26 titres pour enfants, jeunes et seniors, avec une diffusion de plus d'un million d'exemplaires). En Allemagne, les groupes français ont préféré accorder des licences de leurs titres phares ou établir des *joint ventures* avec des éditeurs locaux.

Il y a une forte expansion des groupes allemands à l'international, due à une saturation du marché national et à la baisse des recettes publicitaires en Allemagne, et la France est un des marchés concernés (même si dorénavant le développement se fait majoritairement dans les pays de l'Est, où les éditeurs allemands investissent massivement).

La forte présence des groupes étrangers en France tient également à la situation économique florissante de la presse magazine française, aidée par l'État. Parmi les dix premiers éditeurs de magazines, on trouve trois groupes européens : l'allemand Prisma Presse, l'italien Mondadori et le belge Roularta (2,2 %). S'ajoutent à cela les groupes allemands Bauer (1,3 %) et Springer (1,2 %). Prisma Presse (voir chapitre 7) est une filiale du groupe allemand Gruner + Jahr, qui a encore une autre filiale française, Motor Presse France. Sur son site Internet, Axel Springer France présente sa transformation « d'un éditeur de presse allemand ... en un groupe européen plurimédia » [11] en passant de photos en noir et blanc de unes de quotidiens allemands à une photo de la tour Eiffel illuminée. Ou comment le vilain petit canard allemand devient cygne en passant de la sinistrose teutonne à la Ville Lumière : un parcours de cliché en cliché qui ne peut que flatter le lecteur français.

Le groupe Mondadori France, filiale du groupe Fininvest de Silvio Berlusconi, a vendu de nombreux magazines pour se recentrer sur le segment de la presse de prestige, en plus de la déclinaison française du féminin *Grazia*. Le groupe belge Roularta a racheté en 2006 le groupe L'Express-L'Expansion à la Socpresse. Il mène lui aussi une politique de recentrage autour de titres grand public, ainsi que de mutualisation entre ses différents pôles et entre les titres à l'intérieur de chaque pôle.

DIVERSIFICATION DANS L'AUDIOVISUEL

Les groupes de presse, français comme allemands, tentent de diversifier leurs activités pour ne plus seulement dépendre des ventes ou des recettes publicitaires. Ils sont également présents en radio (Lagardère en France et en Allemagne, Bauer, WAZ, Springer, Burda), en télévision (Bauer, WAZ, Bertelsmann, Bolloré, Lagardère,

---

11   http://www.axelspringer.fr/html/, page consultée le 1/08/2011.

Ouest France, GHM), dans le secteur de la logistique ou du transport du courrier, dans les journaux gratuits d'annonces, et enfin sur Internet (voir chapitre 9).

En Allemagne, les éditeurs ont plutôt investi le domaine de l'audiovisuel local, dans les limites prévues par les lois sur les médias des différents *Länder*, qui restreignent les participations des éditeurs de presse et ont pour conséquence une imbrication des groupes de presse dans l'actionnariat des radios et des télévisions locales.

En 2005, Springer a tenté de racheter le groupe de télévision nationale ProSieben Sat.1, mais cette opération a été interdite en 2006 par le *Bundeskartellamt* et par la KEK (la commission des *Länder* qui examine la concentration dans l'audiovisuel). Ces deux instances ont examiné comme un tout le marché de la presse et celui de la télévision pour calculer la part de marché du futur groupe, qui aurait alors obtenu une position dominante dans la formation de l'opinion. Ce point de vue était partagé par beaucoup en Allemagne, qui craignaient que ne naisse ainsi une « télé *Bild* ».

Cette décision a mis un terme au moins provisoire à l'expansion de Springer vers l'audiovisuel, et entraîné la réorientation du groupe vers les activités *online*. Cependant, Springer a à plusieurs reprises attaqué cette décision en justice, finissant par obtenir en 2010 du Tribunal administratif fédéral la décision de faire rejuger l'affaire. Une affaire à suivre... L'intérêt de Springer est autant d'obtenir un jugement sur le fond que sur la méthode utilisée pour calculer la position dominante sur le marché global des médias, Internet inclus.

6

La presse quotidienne

CLASSIFICATION DES QUOTIDIENS

Nous avons vu que les quotidiens sont classés en différentes catégories selon leur mode de financement (payants *vs* gratuits) et, en Allemagne, selon leur mode de diffusion principal (*Abozeitungen vs Kaufzeitungen*).

S'ajoute à cela le critère de la zone de parution et de diffusion. On parle tradition-nellement en France de presse quotidienne nationale (PQN) et de presse quotidienne régionale (PQR). Le premier concept n'est pas pertinent pour l'Allemagne, et la com-paraison montre qu'il a aussi ses limites en France.

En Allemagne, le seul véritable quotidien « national » est *Bild*, un *Kaufzeitung* produit depuis 2008 à Berlin mais qui a des éditions régionales. On parle de presse suprarégionale pour désigner des quotidiens qui paraissent dans une grande ville d'édition (Munich, Francfort/Main, plus récemment Berlin) mais sont lus par-delà cette région et ont une importance nationale dans le débat public. L'organisation de la presse reflète donc la structure fédérale de la RFA.

À l'inverse, d'un point de vue allemand, la presse nationale française est une presse parisienne lue par-delà sa zone de parution et de diffusion principale. Presse nationale française et presse suprarégionale allemande sont donc assez similaires. Toutefois, le polycentrisme allemand fait que les quotidiens suprarégionaux émanent de zones dif-férentes : leur rayon d'action ne se recoupe que partiellement et la concurrence entre eux est moindre que pour les quotidiens parisiens, qui se battent pour l'attention des mêmes lecteurs. La PQN est « produite à Paris, ce qui renforce les effets de proximité avec l'espace politique et le pouvoir » (Hubé, 2008 : 67). Pour les suprarégionaux allemands, les journalistes couvrant l'actualité politique au niveau fédéral sont des « correspondants » à Berlin, alors que la rédaction siège ailleurs. Dans le cas de la *tageszeitung*, basée à Berlin, les journalistes parlementaires ne travaillent pas au siège de la rédaction.

La presse en France et en Allemagne. Une comparaison des systèmes

77

Les autres *Abozeitungen* sont des quotidiens régionaux avec de nombreuses éditions locales, qui coexistent avec une *Heimatpresse* (presse locale) en régression (Dippon et Grosse, 2003 : 158). Parmi les huit *Kaufzeitungen*, sept sont purement régionaux.

En plus des titres régionaux, l'offre d'information régionale dans la presse quotidienne recouvre donc des cas de figure très divers. *Bild* dispose de 25 éditions régionales. Parmi les suprarégionaux, certains comme *die tageszeitung* publient des éditions régionales hors de leur région d'édition – une tendance forte au début des années 2000, mais la chute des investissements publicitaires a conduit la *Frankfurter Allgemeine Zeitung* à renoncer à son cahier berlinois et la *Süddeutsche Zeitung* à tirer un trait sur ses pages Rhénanie du Nord-Westphalie.

La France a vécu un mouvement similaire de régionalisation de la presse quotidienne « nationale », suivi d'un retrait dû à la conjoncture économique. Ainsi *Le Figaro* a abandonné en 2006 son cahier local Lyon et *Libération* a transformé le sien en site Internet.

DES MARCHÉS DE TAILLE DIFFÉRENTE

1. Diffusion des quotidiens

Diffusion moyenne des quotidiens en milliers d'exemplaires

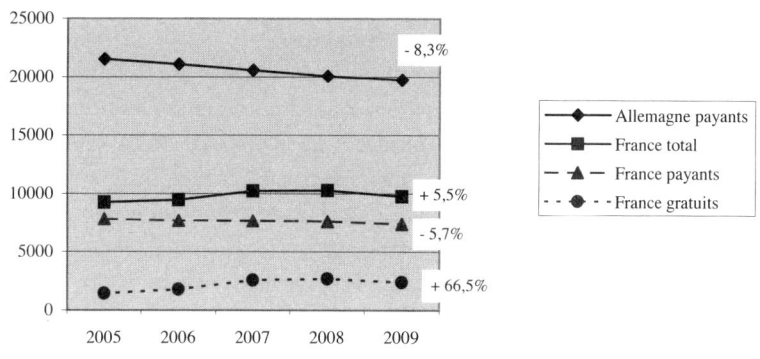

Schéma 27
Source : WAN-IFRA

En nombre d'exemplaires diffusés pour les quotidiens payants, l'Allemagne est au 5e rang mondial et au 1er rang européen, la France est au 10e rang mondial et au 3e rang européen, et la différence entre les deux pays est considérable : près de trois fois plus d'exemplaires diffusés en Allemagne. En nombre d'exemplaires de quoti-

diens gratuits diffusés, la France se classe au 4ᵉ rang mondial et au 3ᵉ rang européen après l'Italie et l'Espagne. Si l'on considère tous les types de quotidiens, la diffusion moyenne est 1,4 fois supérieure en Allemagne.

Il faut bien sûr mettre ces chiffres en relation avec le nombre d'habitants : 65 millions en France contre 81,8 millions en Allemagne, soit 25 % d'habitants en plus en Allemagne. Toutefois, la diffusion des quotidiens en nombre d'exemplaires pour mille habitants est aussi plus élevée en Allemagne.

Nombre d'exemplaires de quotidiens (payants et gratuits) diffusés pour mille habitants de plus de 14 ans (2009)

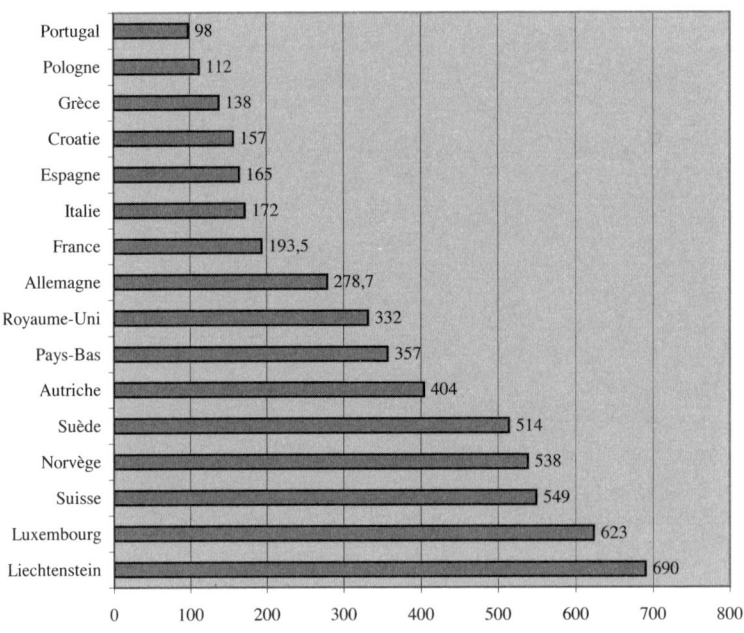

Schéma 28
Source : WAN-IFRA

Parmi les pays européens, on voit à nouveau se dégager deux groupes que l'on peut désigner schématiquement comme des pays nordiques de culture protestante (hormis l'Autriche[1]) avec une consommation de la télévision faible à moyenne d'une part, et des pays du Sud et/ou de culture catholique avec une forte consommation de la télévision d'autre part. Le critère religieux est surtout culturel : la culture protestante, fondée sur la lecture de la Bible, sur le rapport direct au texte sacré, implique un

---

1 Où la tradition d'une lecture assidue de la presse tient probablement à une élévation du niveau d'instruction qui a eu lieu très tôt avec l'introduction de l'école élémentaire obligatoire dès la fin du XVIIIᵉ siècle.

rapport étroit à l'écrit et à la lecture. Le critère climatique ne peut être totalement négligé, mais il est à considérer tout au plus comme un facteur parmi d'autres permettant d'expliquer ces chiffres.

L'Allemagne et la France occupent une position médiane, mais l'Allemagne devance largement la France (1,5 fois plus d'exemplaires diffusés pour mille habitants), alors même que la consommation de télévision y est aussi plus élevée.

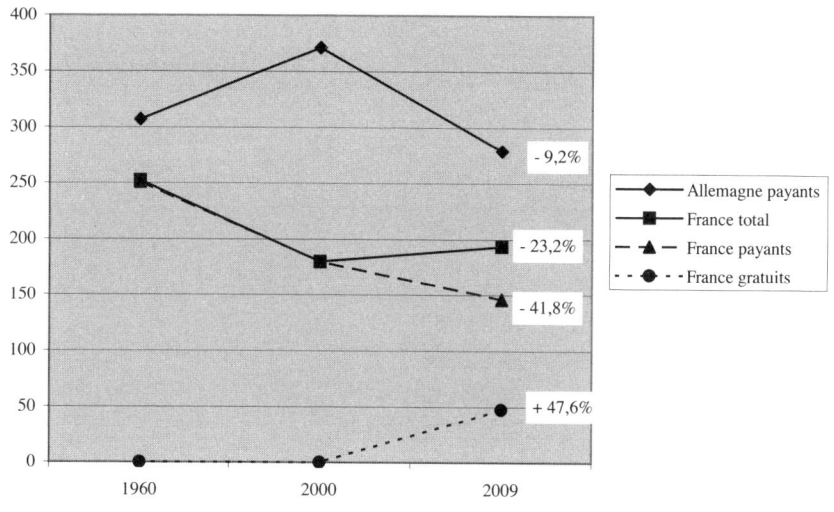

Nombre d'exemplaires de quotidiens diffusés pour mille habitants (1960-2009)

Schéma 29
Source : Calculs de l'auteur sur base WAN-IFRA

Depuis 1960, on observe dans les deux pays une baisse de la diffusion rapportée à la population. L'Allemagne a connu une augmentation ponctuelle lors de la réunification mais, depuis 2000, la baisse y est plus rapide qu'en France, où elle est compensée par l'augmentation de la diffusion des gratuits – ce qui pose la question du modèle économique de la presse dans les années à venir. La baisse a cependant été plus tardive en Allemagne, et le lectorat y reste à un niveau beaucoup plus élevé. C'est pourquoi, dans la représentation des éditeurs français, l'Allemagne reste un eldorado de la presse quotidienne, d'autant plus que le quotidien y reste le premier média en termes d'investissements publicitaires.

Le nombre de titres disponibles est un facteur important (tableau 1, p. 12), tout comme leur nature. Avec près de 3 millions d'exemplaires diffusés en 2010, le *Kaufzeitung* allemand *Bild* occupe la 5e place dans le classement des quotidiens payants les plus diffusés au monde (WAN-IFRA), après trois quotidiens japonais et un quotidien indien. Le premier quotidien français payant, *Ouest France*, est à la 74e place avec 786 000 exemplaires. La diffusion de *Bild* est certes en baisse mais elle

Valérie Robert

reste hors de proportion avec ce que connaît la France. Même le quotidien populaire français *France Soir* ne diffusait au temps de sa splendeur, en 1957, que 1 150 000 exemplaires (Eveno, 2008 : 105), et *Le Parisien-Aujourd'hui* n'atteint qu'un peu plus de 470 000 exemplaires. L'ordre de grandeur est donc très différent.

Le marché français est donc fondamentalement plus réduit pour les quotidiens et les Allemands sont nettement plus lecteurs de journaux que les Français.

2. Audience des quotidiens

**Pourcentage de lecteurs de quotidiens
dans la population de plus de 15 ans (2009)**

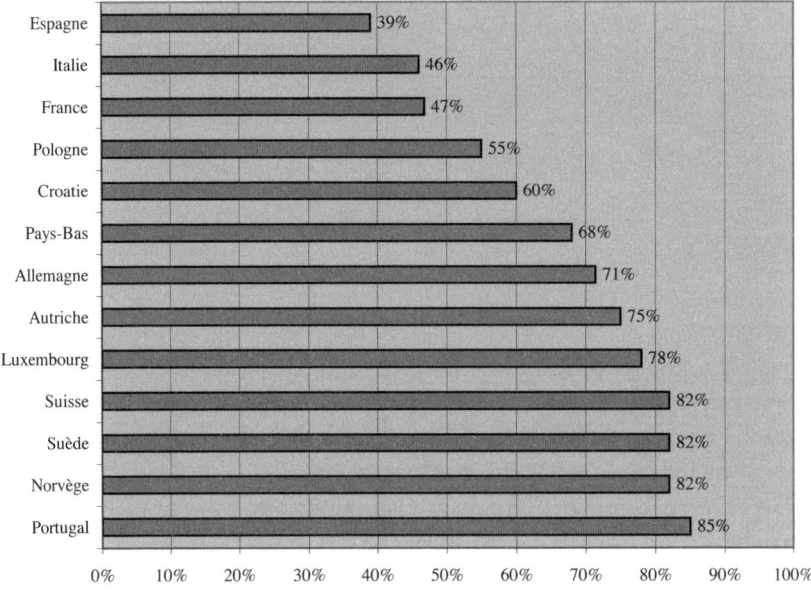

Schéma 30
Sources : Audipresse ; Media Analyse ; WAN-IFRA

L'audience (ou taux de pénétration) représente le pourcentage de la population qu'atteignent les quotidiens, il s'agit d'un calcul sur la base des exemplaires diffusés. L'audience est l'indicateur sur lequel se fondent les annonceurs, et il est donc très important pour les recettes publicitaires des quotidiens.

Dans la comparaison européenne, la différence entre pays du Nord et pays du Sud semble une nouvelle fois se confirmer : mis à part le Portugal, les pays à tradition protestante ou germanique sont aussi ceux dans lesquels le taux de pénétration est le plus élevé, mais ces pays souffrent eux aussi d'une désaffection progressive de la population par rapport aux quotidiens. Celle-ci est plus continue et plus rapide en Allemagne, alors que l'arrivée en France des quotidiens gratuits a, au moins temporairement, freiné la baisse.

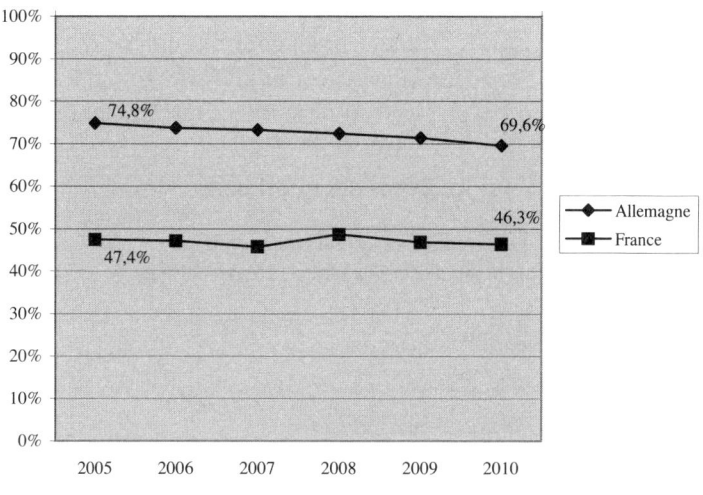

Évolution chronologique de l'audience des quotidiens
en France et en Allemagne

Schéma 31
Sources : Audipresse ; Media Analyse ; WAN-IFRA

3. Le prix des journaux

Comment expliquer cette diffusion et cette audience plus élevées en Allemagne ?

Le nombre plus élevé de points de vente en Allemagne est bien sûr un élément important. Le prix est également un facteur. On a longtemps considéré en France que la presse allemande était moins chère (cf. par exemple Eveno, 2008 : 179), un constat qu'il faut relativiser. À part *Bild*, les autres quotidiens ne sont pas particulièrement bon marché.

Tableau 4 - Prix de vente de quelques quotidiens français et allemands (juillet 2011)

	Prix au numéro	Abonnement mensuel
Bild	0,70 € (0,60 € dans les nouveaux *Länder*)	14,90 €
France Soir	0,80 €	14,90 €
Le Parisien	1 €	29,72 €
Le Courrier Picard	0,95 €	30,75 €
Berliner Zeitung	0,90 € (1 € hors Berlin)	24,40 € (hors offres promotionnelles)
Le Monde	1,50 €	27 €
Süddeutsche Zeitung	2 €	43,80 € en Bavière 46,80 € hors Bavière

Il est vrai cependant que les prix des journaux ont augmenté régulièrement en France entre les années 1970 et le milieu des années 2000, une augmentation sans commune mesure avec la hausse générale des prix (Albert, 2008 : 45), alors même que le budget médias et loisirs des ménages n'est pas extensible indéfiniment et que s'ajoutent sans cesse de nouveaux postes de dépenses (équipements de télévision, Internet, téléphonie mobile, etc.). Patrick Eveno (2008) considère que les quotidiens français, en augmentant leur prix de vente de manière continue, se sont coupés des couches populaires, et le succès des gratuits auprès de catégories de la population qui lisaient très peu la presse (femmes, jeunes) tend à confirmer cette analyse.

Le rapport qualité-prix mais aussi quantité-prix est un facteur important. Si le premier critère est largement subjectif, le second est plus facilement mesurable. Ainsi, si l'on pèse les quotidiens, on constate que les quotidiens français ont en général un prix au kilo supérieur[2]. Cette donnée n'est pas aussi anecdotique qu'on pourrait le penser : il y a globalement bien plus à lire dans la presse allemande.

4. Évolution de la diffusion et de l'audience

Diffusion des quotidiens en milliers d'exemplaires

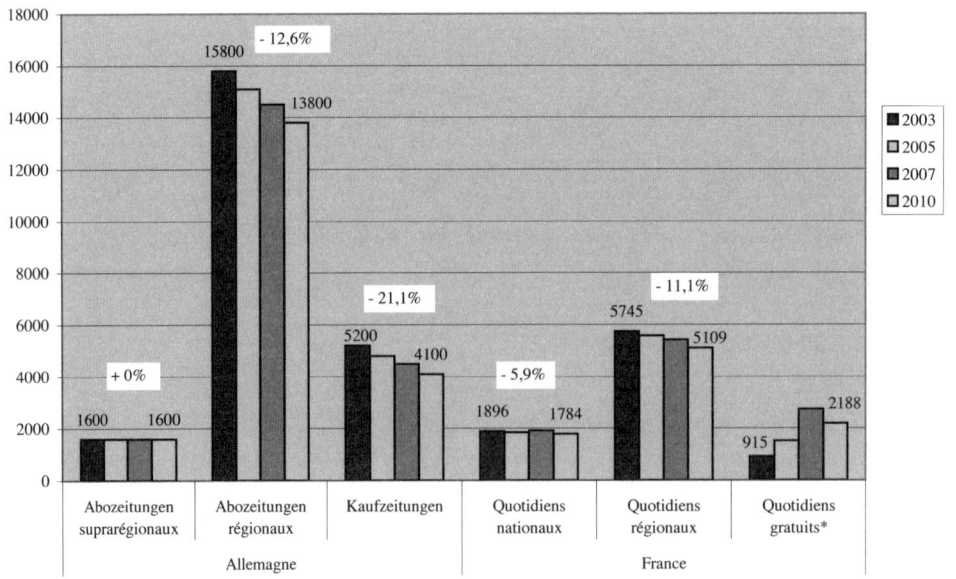

Schéma 32
Sources : IVW, OJD (chiffres de la diffusion France payée).
*Pour les gratuits, la méthode utilisée par l'OJD a changé en 2009. Les chiffres des années précédentes, publiés par la DGMIC, indiquent le tirage total et sont donc difficilement comparables.

---

2   Selon les calculs effectués sur le blog PhDx, http://blog.slate.fr/phdx/2010/03/21/aux-etats-unis-la-presse-pese-3-fois-plus-lourd-et-coute-moins-de-2ekl/, page consultée le 10/11/2011.

Dans les deux pays, la presse quotidienne régionale domine largement le marché, tant en diffusion qu'en nombre de lecteurs. La PQN française a proportionnellement beaucoup plus d'importance par rapport à la PQR que les suprarégionaux allemands n'en ont par rapport à la presse régionale. La PQN, dont la zone de diffusion principale, l'Île de France, est la plus peuplée de France, a un taux de pénétration trois fois supérieur à celui des suprarégionaux allemands. L'importance de ces derniers dans le débat public est de loin supérieure à leur poids numérique.

Les *Kaufzeitungen* ont une importance considérable, avec une diffusion 2,5 fois supérieure à celle des suprarégionaux, et une audience près de 4 fois supérieure, ce qui est dû à *Bild*. Cette famille de titres voit cependant sa diffusion baisser.

Les quotidiens gratuits français ont une diffusion supérieure à celle respectivement de la PQN française et des suprarégionaux allemands, et qui représente près de la moitié de celle de la PQR. Leur audience reste toutefois inférieure à celle de la PQN, et elle est quatre fois plus faible que celle de la PQR. Ils sont loin d'atteindre l'audience des *Kaufzeitungen*, ce qui confirme que les équilibres des deux paysages de presse ne sont pas les mêmes.

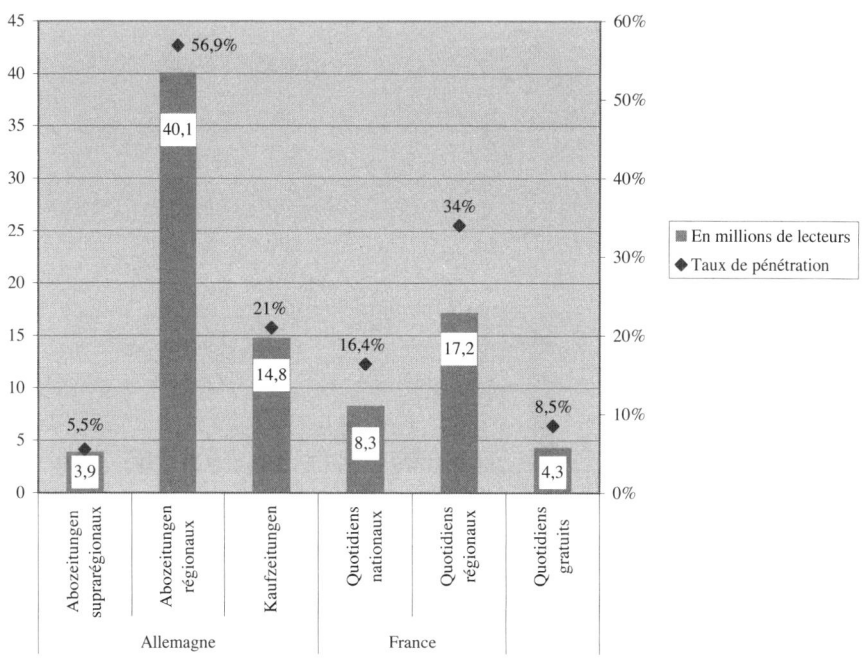

Audience des quotidiens en 2010

Schéma 33
Sources : Mediaperspektiven, *Basisdaten 2010* ; Audipresse

QUOTIDIENS NATIONAUX ET SUPRARÉGIONAUX

1. Titres et diffusion

Diffusion des quotidiens nationaux en milliers d'exemplaires (2010)

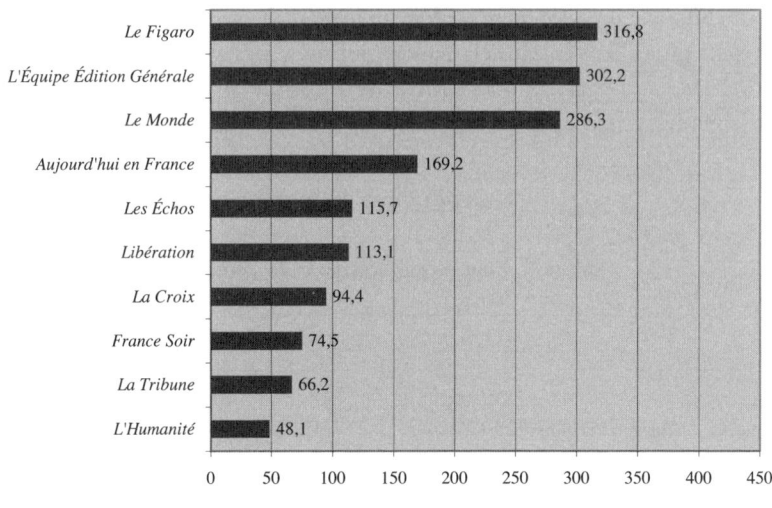

Schéma 34
Source : OJD

**Diffusion des quotidiens suprarégionaux en milliers d'exemplaires
(4e trimestre 2010)**

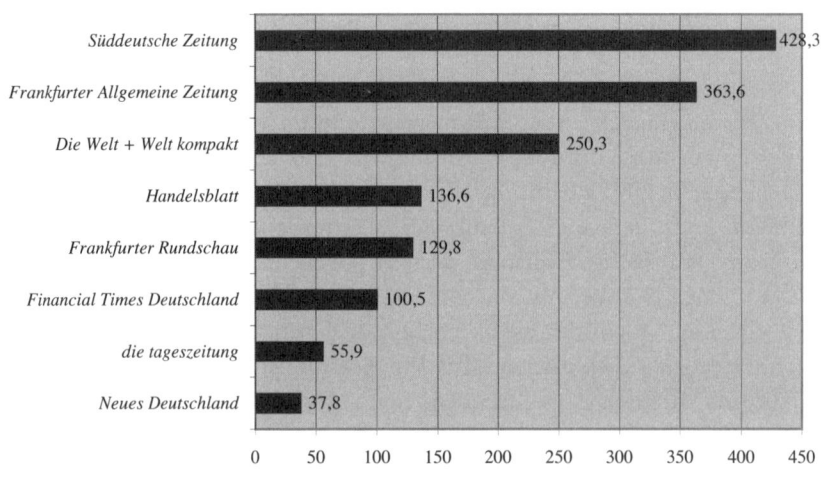

Schéma 35
Source : IVW

La diffusion des deux premiers quotidiens nationaux français est en dessous de celle des suprarégionaux allemands les plus diffusés. On trouve en France un quotidien sportif, dont l'Allemagne ne connaît pas l'équivalent, malgré plusieurs tentatives avortées et quelques tests de marché non concluants, entre autres de la part de Springer en 2006. *Bild* semble remplir en partie cette fonction, de même que la presse régionale avec des pages sports très complètes ; de plus, deux magazines, dont l'un bi-hebdomadaire, occupent également le marché.

Les deux quotidiens les plus clairement politisés, *L'Humanité* d'une part et *Neues Deutschland* d'autre part, ont des chiffres de diffusion assez proches, avec un très fort taux d'abonnés, ce qui est caractéristique des quotidiens d'opinion.

2. Géographie du marché

Tableau 5 : Zone de publication et de lecture (2010)

	Titre	Zone de publication	Part de l'audience globale réalisée dans cette zone
Allemagne	*Frankfurter Allgemeine Zeitung*	Francfort/Hesse	23 %
	Süddeutsche Zeitung	Munich/Bavière	62 %
	die tageszeitung	Berlin	15 %
	Die Welt Gesamt	Berlin	12 %
France	*Le Figaro*	Paris/IDF	41,4 %
	Le Monde	Paris/IDF	40,5 %
	Le Parisien/Aujourd'hui en France	Paris/IDF	73 %
	Libération	Paris/IDF	43,6 %

Sources : *Süddeutsche Zeitung* ; Media-Analyse ; calculs de l'auteur sur base Audipresse

En Allemagne, le terme de « suprarégional » recouvre des situations différentes. Certains suprarégionaux le sont réellement, au sens où leurs éditions locales ont un poids restreint dans leur diffusion et leur audience globales. C'est le cas pour *Die Welt* (qui a déménagé en 2001 à Berlin, où elle n'est donc pas ancrée historiquement), pour *die tageszeitung* et, dans une moindre mesure, pour la *FAZ*. Ces trois quotidiens, qui disposent néanmoins d'éditions spéciales pour leur zone de parution, ont une diffusion plutôt nationale. Au contraire, la *Süddeutsche Zeitung* est davantage un quotidien régional qui diffuse aussi en dehors de sa zone d'ancrage. Si leurs lecteurs sont souvent proches sur le plan social et démographique, ces quotidiens ne se situent pas « sur un marché géographique identique » (Hubé, 2008 : 65). Leurs lectorats se recoupent peu et la concurrence entre eux n'est que marginale, d'autant plus que l'orientation politique est parfois très différente, comme entre la *FAZ* et la *taz*.

La PQN française, au contraire, réalise près de la moitié de son audience en région parisienne. Il est souvent difficile de la trouver en province, hormis dans les gares ;

Libération vend moins de 1 000 exemplaires par jour dans 63 départements, c'est le cas pour *Le Figaro* dans 38 départements et dans 44 départements pour *Le Monde*[3].

Le taux d'abonnement étant bas pour cette catégorie de presse et les ventes au numéro se faisant majoritairement à Paris, les ventes en kiosque à Paris sont centrales et constituent un « enjeu quotidien ». Les lectorats des différents quotidiens nationaux se recoupant, la concurrence est féroce. Amplifiée par la baisse des ventes, elle a pour conséquence le développement de stratégies « visant à attirer le lecteur en kiosque » (*ibid.* : 62, 64), en particulier par des « Unes » accrocheuses ou par un accent désormais porté sur l'information locale. Ainsi, *Le Figaro* s'est doté de deux nouvelles pages consacrées à l'actualité de la région parisienne.

De cette situation découle la nécessité pour les quotidiens parisiens de développer leurs ventes par abonnement, en particulier par portage, afin d'augmenter la diffusion (et donc les recettes publicitaires), de réduire la concurrence au kiosque, et de gagner des lecteurs en province pour dépendre moins du marché parisien, particulièrement investi par les gratuits.

CARACTÉRISTIQUES DU LECTORAT

Dans les deux pays, les quotidiens ont davantage de lecteurs parmi les hommes (taux de pénétration chez les hommes en 2009 de 46,3 % en France et de 73,5 % en Allemagne) que parmi les femmes (37,5 % en France et 69,4 % en Allemagne) (source : WAN-IFRA). Parmi les lecteurs réguliers, les tranches d'âge les plus jeunes sont les moins représentées. Cependant, en France, ces mêmes groupes peu lecteurs de presse quotidienne payante sont précisément ceux qui ont bien accueilli les quotidiens gratuits, ce qui selon Jean-Marie Charon (2008b : 23) montre que l'idée selon laquelle les Français ne seraient pas des lecteurs de quotidiens est une idée fausse.

1. Presse nationale / presse régionale

En France, le lectorat de la PQN est majoritairement masculin, alors que la répartition entre hommes et femmes est plus équilibrée pour les lecteurs de la PQR et des gratuits d'information. La lecture régulière de la PQN est davantage le fait de diplômés, de cadres et de professions intermédiaires (ce qui vaut aussi pour les *news magazines*) (Dumartin et Maillard, 2000). En Allemagne, les lecteurs de la presse suprarégionale sont également majoritairement des hommes, diplômés, d'âge moyen,

---

3 Gaucher, Erwann, « L'autre côté du périphérique, ce grand désert des quotidiens nationaux... », 11/08/2011, http://www.erwanngaucher.com/11082011L39autre-cote-du-peripherique--ce-grand-desert-des-quotidiens-nationaux,1.media?a=690, page consultée le 25/08/2011.

à forts revenus, une catégorie à fort pouvoir d'achat qui intéresse beaucoup les annonceurs.

En France, « la lecture de la presse régionale est plus répandue chez les personnes ayant un diplôme inférieur au bac » (*ibid.*), et les plus gros lecteurs de la PQR habitent l'Est, l'Ouest et le Nord de la France. Son lectorat est composé principalement d'ouvriers et d'employés, ainsi que de personnes âgées. La PQR française a du mal à conserver ou à reconquérir le lectorat urbain et jeune, en particulier les « néo-provinciaux » diplômés. Le niveau d'urbanisation joue beaucoup : la diffusion est en recul dans les grandes métropoles de province et les « départements fortement urbanisés » alors qu'elle progresse dans « des régions moins urbanisées, à la sociologie plus traditionnelle » (Charon, 2008b : 104) comme celles desservies par le quotidien *Ouest France*. Afin de satisfaire des lectorats très différents, les quotidiens régionaux sont contraints à un grand écart permanent : *Sud Ouest* se décrit ainsi comme « à la fois urbain, rurbain et rural »[4].

En Allemagne, l'opposition n'est pas aussi nette entre les régionaux et suprarégionaux, ceux-ci gardant un ancrage local. La lecture de la presse régionale n'exclut pas celle d'un quotidien suprarégional, qualifié de *Zweitzeitung* (deuxième journal). La presse régionale souffre moins d'une image désuète, et les villes n'ont jamais été des villes « de province ». Le lectorat de la presse régionale se recrute majoritairement chez les femmes, les plus de 40 ans, les employés et retraités, sans *Abitur* (l'équivalent du baccalauréat, qui concerne en Allemagne une part beaucoup plus réduite de la population) ou sans diplôme du supérieur.

2. *Kaufzeitungen*

Le titre roi des *Kaufzeitungen*, *Bild*, atteint 12,5 millions de lecteurs, soit trois fois plus que l'ensemble de la presse suprarégionale en Allemagne ou l'équivalent de l'audience cumulée des quotidiens nationaux et gratuits en France. Son lectorat est aux deux tiers masculin, assez également réparti sur toutes les tranches d'âge (avec un pic parmi les 40-49 ans), très majoritairement sans diplôme ni *Abitur*, employé ou ouvrier, avec une répartition relativement homogène entre les différents niveaux de revenus. Les zones où sa diffusion est plus faible sont celles où subsistent des *Kaufzeitungen* régionaux, à fort ancrage local, ce qui confirme l'importance de l'information locale pour les lecteurs allemands (Röper, 2004 : 8). La majorité des lecteurs de *Bild* lisent d'ailleurs un deuxième journal, le plus souvent régional (Arlt et Storz, 2010 : 76). La part de marché des *Kaufzeitungen* est en baisse depuis des années. En 2010, *Bild* est descendu pour la première fois en dessous de la barre des 3 millions d'exemplaires vendus, après avoir perdu en 10 ans plus d'un tiers de sa diffusion.

---

4   Roussel, Frédérique, « *Sud Ouest*, canard relooké », *Libération*, 14/11/2008.

3. Un clivage Est/Ouest

**Audience des quotidiens suprarégionaux par zones,
en pourcentage de la population (2010)**

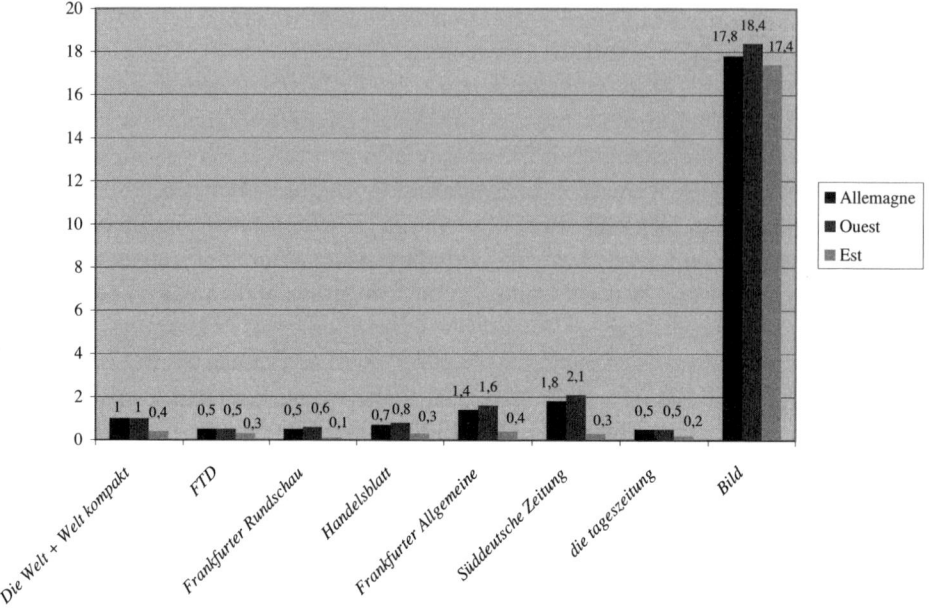

Schéma 36
Source : Media Analyse

Si l'on peut opposer la capitale et la province en ce qui concerne les habitudes de lecture en France, il est impossible de transposer ce contraste en Allemagne, où existe par contre une opposition entre les *Länder* de l'Est et ceux de l'Ouest : « Sur le marché de la presse, c'est comme si le Mur était toujours là »[5].

Le taux de pénétration de la presse quotidienne est plus élevé à l'Ouest (70,4 % en 2010) qu'à l'Est (66,1 %). À l'Est, les quotidiens régionaux (les anciens grands quotidiens de RDA repris sans exception par des éditeurs de l'Ouest) voient leur diffusion baisser deux fois plus vite que leurs équivalents de l'Ouest, alors même que leurs rédactions ont très peu changé et que les journaux ont donc conservé une identité spécifique[6]. On peut expliquer cette évolution par les problèmes sociaux et économiques des nouveaux *Länder*, un taux de chômage élevé et un exode de la population jeune. Une autre explication est que les quotidiens de l'Est sont chacun dans

---

5   Beate Schneider, citée in Versieux, Nathalie, « L'Est fait encore journal à part », *Libération*, 9/11/2009.

6   *Ibid.*

---

sa zone en situation de monopole, ce qui entraîne souvent une baisse de la diffusion (Möhring et Stürzebecher, 2008 : 8).

Les habitudes de lecture sont également différentes en ce qui concerne les supra-régionaux : leur audience à l'Est est faible voire minime, il s'agit donc plutôt de « suprarégionaux » de l'Ouest. *Neues Deutschland*, l'ancien organe officiel du régime est-allemand, est pour sa part très peu vendu à l'Ouest.

Bild obtient 82 % de son audience dans les anciens *Länder*, 16 % dans les nouveaux *Länder* et 2 % à Berlin, alors que la population des nouveaux *Länder* représente un sixième de la population globale. Cela reste bien en deçà de l'engouement auquel s'attendait le groupe Springer après la réunification, et il a dû renoncer à une édition spéciale pour l'Est. Le groupe Burda (groupe de l'Ouest) y a pour sa part connu un échec avec *Super!,* un *Kaufzeitung* créé spécifiquement pour ce nouveau marché avec le soutien financier de Rupert Murdoch et qui a dû fermer après un an d'existence.

LE CAS *BILD*

Bild est un phénomène de la presse allemande et de la presse européenne : 2,9 millions d'exemplaires vendus chaque jour, 12,5 millions de lecteurs soit 17,8 % de la population allemande de plus de 14 ans, 25 éditions régionales livrées à 4 h 30 du matin, 11 imprimeries en Allemagne, 8 à l'étranger sur les lieux de tourisme privilégiés par les Allemands, de nombreux magazines dérivés, 125 produits dérivés, et des bénéfices qui s'élèvent probablement à 250 millions par an[7], en faisant la vache à lait du groupe Springer. Cependant, la diffusion est en baisse. Le groupe Springer a réagi à cette évolution en augmentant le prix de vente (il reste plus bas dans les nouveaux *Länder*) afin d'augmenter ses recettes.

1. Un quotidien de boulevard

Créé en 1952 pour faire face à la concurrence de la télévision, le journal ne comportait à l'origine que des photos avec quelques légendes. Il en a gardé une domination de l'image, dans des couleurs choc : rouge, noir, blanc, jaune. Le journal consiste en une juxtaposition plutôt anarchique d'« articles » très courts (ce qui le distingue de *France Soir* ou *Aujourd'hui en France*), consistant en une photo et un titre énormes et quelques phrases simples (très peu de subordonnées, beaucoup de phrases nominales), dont les plus importantes sont en gras et/ou soulignées. L'effort du lecteur est réduit au minimum. L'emploi permanent du point d'exclamation renforce l'aspect

---

7   Leyendecker, Hans, « Bild dir deine Kohle; Eine Studie erklärt Deutschlands größtes Boulevardblatt neu: nicht als Zeitung, sondern als Verkaufsmaschine », *Süddeutsche Zeitung*, 5/04/2011.

sensationnel de chaque nouvelle et met tout sur le même plan : politique, économie, sport, faits divers, etc.

Il s'agit donc bien d'un journal de boulevard qui mise sur des contenus fondamentaux : « l'argent, le crime, la maladie, le sexe, la victoire, le pouvoir » (Arlt et Storz, 2010 : 90). La « Seite 1 Girl » (la « fille de la première page ») est un élément caractéristique, et *Bild* combine sans complexe des positions conservatrices en matière de morale et l'utilisation du sexe comme appât à lecteurs. La démarche de *Bild* n'est pas d'analyser ou d'expliquer l'actualité, mais de la rendre sensationnelle par le recours aux émotions et à la personnalisation, à une présentation du monde qui en réduit la complexité : les bons et les méchants, le blanc et le noir, les amis et les ennemis. Chaque personnage de cette fiction manichéenne se voit désigner non plus par son nom mais par des attributs qui ne le quittent plus, ainsi « die Pleite-Griechen » (« les Grecs-en-faillite »), « die eiserne Kanzlerin » (« la chancelière de fer »), qui lui attribuent une place intangible dans un monde à la fois rassurant (puisque simple à comprendre) et angoissant (puisque l'Allemand moyen s'y voit confronté à une foule de dangers). *Bild* use abondamment des stéréotypes sur les groupes sociaux ou nationaux, toujours présentés comme homogènes (« les femmes », « les hommes », « les Grecs », « les Allemands »), qui peuvent ainsi eux aussi jouer un rôle dans les narrations simples que développe le journal.

Les auteurs d'une étude sur *Bild* expliquent que vouloir s'informer dans *Bild* équivaut à peu près à vouloir se renseigner sur le système scolaire britannique en lisant *Harry Potter*... Pour eux, décrire *Bild* en utilisant les catégories du « journalisme » n'est pas pertinent : *Bild* se met en scène comme un journal, alors qu'il s'agit d'un produit de consommation de masse, d'une machine à vendre, d'une marque qu'il s'agit d'entretenir (Arlt et Storz, 2010 : 7).

2. « L'avocat des petites gens »

Un des slogans de *Bild* est « Bild Dir Deine Meinung! » (un jeu de mots sur *Bild* et sur « Fais-toi ton avis ! »). Or tous les articles, qu'ils soient présentés comme information ou comme commentaire, transmettent un jugement préétabli (*ibid*. : 23) mais présenté comme celui des lecteurs, les sans-voix dont *Bild* se ferait le porte-parole.

Dans cette mise en scène énonciative, *Bild* prétend parler pour les petites gens, pour « l'homme de la rue ». Dans le monde selon *Bild*, il y a « nous » (dans lequel *Bild* s'inclut) et « eux », un rôle attribué à différents groupes, de préférence les politiques, les élites au pouvoir, coupées de la réalité et opprimant le petit peuple. C'est en cela que *Bild* est « populaire », comme le définissait son fondateur, Axel Springer : « *Bild* est un journal populaire, que tout le monde comprend, que tout le monde peut s'offrir, qui est l'avocat des petites gens » (*ibid*. : 48). Ce dernier point est fondamental, et cette mise en scène mène également à des actions du type « *Bild* kämpft für Sie » (« *Bild* lutte pour vous ») et à quantité de conseils pratiques.

Dans cette représentation, *Bild* adresse un message aux élites, souvent apostrophées (par exemple « Dites, les politiciens, est-ce que vous êtes fous ? ») au nom d'un *Stammtisch* (l'équivalent allemand du café du commerce) auquel seul *Bild* permettrait d'avoir accès à la parole. Et inversement, *Bild* se fait entendre des puissants en suggérant qu'il « représente les opinions et les intérêts de la majorité silencieuse » (*ibid.* : 77).

3. Xénophobie et populisme

Il s'agit de créer un « nous », une collectivité, comme dans ce titre devenu légendaire : « Wir sind Papst! » (« Nous sommes Pape ! ») lors de l'élection de Benoît XVI. Face à ce « nous », on trouve aussi un « eux (les étrangers) », extérieur à l'Allemagne et menaçant : par exemple les Grecs (« Les Grecs veulent notre argent », 24/04/2010), ou bien les immigrés, en particulier turcs. Certes, *Bild* se défend de toute xénophobie. Mais le journal a en 2011 mené campagne en faveur de l'ancien administrateur de la *Bundesbank* et sénateur chargé des finances à Berlin, Thilo Sarrazin, aux thèses provocatrices sur l'impossible intégration et l'absence génétique d'intelligence des immigrés, en particulier musulmans. *Bild* a présenté Sarrazin comme un héros osant exprimer ce que pense le bon sens commun et que le politiquement correct (c'est-à-dire les élites) interdit de dire, une rhétorique proche de celle qui caractérise le discours d'extrême-droite. Durant cette période, *Bild*, dans sa lutte « pour la liberté d'opinion », a publié nombre de témoignages comme « Voilà comment des écoliers allemands sont terrorisés par des étrangers »[8]. *Bild* se positionne ainsi comme le seul média en contact direct avec le bon sens populaire, contrairement aux autres grands médias et aux politiques, et use d'une recette populiste classique : entretenir l'indignation contre un personnel politique censément aveugle et/ou méprisant et appeler à intervenir soi-même, voire à faire justice soi-même, puisque l'État ne le fait pas. Cependant, les observateurs s'accordent pour dire que les méthodes de *Bild* ne vont pas aussi loin que la chasse à l'homme pratiquée par exemple par les tabloïds britanniques[9].

Politiquement, malgré le slogan *Unabhängig. Überparteilich* (« Indépendant. Au-dessus des partis ») qui orne sa page de titre, *Bild* n'est pas neutre, il est clairement du côté de la CDU/CSU, contre les Verts, contre Die Linke, et en partie contre le SPD. Par ses positions, *Bild* « a acquis à l'intérieur de la CDU la fonction d'une aile populiste de droite. Le journal formule ce qui, ensuite, pourra être instrumentalisé dans le débat public »[10].

---

8   Brauck, Markus, Feldenkirchen, Markus, Fichtner, Ullrich, Hülsen, Isabell, Kurbjuweit, Dirk, Müller, Martin U., Würger, Takis, « Im Namen des Volkes », *Der Spiegel*, 9/2011, p. 132.
9   Leyendecker, Hans, « *News of the World*: Britischer Boulevardjournalismus. Insel der Menschenjäger », *Süddeutsche Zeitung*, 11/07/2011.
10   Brauck *et al.*, voir note 8.

4. Un journal de campagnes

Son outil principal est la campagne, un mode de communication qui ne connaît pas la nuance : il s'agit soit d'encenser quelque chose, soit de le détruire. Ceci vaut pour la politique mais aussi pour des individus. Certains font l'objet de campagnes de soutien, comme l'ancien ministre Guttenberg accusé de plagiat, soutenu par *Bild* malgré toutes les pièces à conviction. Mais la plupart font l'objet de véritables lynchages, au moyen de dossiers montés de toutes pièces ; ainsi, une photo tronquée permit de faire passer le député vert Jürgen Trittin pour un manifestant violent et armé. *Bild* fait face à d'innombrables procès, mais le droit allemand autorise plus d'intrusions dans la vie privée que ce ne serait le cas en France. Les campagnes passées sont pour *Bild* un excellent moyen de pression auprès des personnalités de toutes sortes pour obtenir des révélations et des interviews exclusives, ainsi que leur soutien public.

5. Quelle influence ?

Sans entrer dans le débat sur la manière dont les médias influent sur la formation de l'opinion et la prise de décisions, *Bild* est à considérer comme un acteur important de la vie publique en Allemagne.

Durant le mouvement étudiant de la fin des années 1960, le leader étudiant Rudi Dutschke, désigné par *Bild* comme « l'ennemi public numéro 1 », fut victime d'un attentat de la part d'un lecteur de *Bild*, qui fut considéré comme l'instigateur indirect de ce crime[11]. Il y a cependant autant de contre-exemples à la thèse d'une influence directe de *Bild* sur ses lecteurs : ainsi, son soutien au politicien CDU Roland Koch et à son discours sécuritaire anti-immigrés n'a pas permis à ce dernier d'être réélu Ministre-Président de Bade-Wurtemberg.

Finalement, comme le soulignent Arlt et Storz (2010 : 76), la question de savoir si le public reprend des positions de *Bild* passe à côté du problème réel ; ce qui compte, c'est que les élites sociales, elles, le croient. *Bild* a probablement moins d'influence sur les opinions que sur la représentation des opinions. Le journal se présente comme autorisé à exiger et à ordonner des gestes politiques précis, par le biais d'injonctions adressées au personnel politique – compensant ainsi symboliquement l'impuissance qu'est censé ressentir le citoyen moyen devant des décisions sur lesquelles il n'a pas de prise en dehors des périodes électorales. D'ailleurs, *Bild* organise souvent des votes. Ainsi, un vote sur une éventuelle démission du ministre Guttenberg s'adressait explicitement non pas aux lecteurs mais à l'Allemagne tout entière (« Aujourd'hui, l'Allemagne vote ! »). En France, un des instruments de la concurrence entre quotidiens nationaux est l'utilisation massive des sondages, censés à la fois créer l'événement et présenter les journaux comme porteurs de la « vox populi » (Neveu,

---

11   Juste retour des choses : une campagne menée par la *tageszeitung* a obtenu en 2008 qu'une rue berlinoise soit rebaptisée, et devant le siège du groupe Springer se croisent désormais la Axel-Springer-Straße et la Rudi-Dutschke-Straße...

2009 : 87). En Allemagne, *Bild* va plus loin et se présente comme possédant un lien direct avec « l'opinion publique » en organisant ses propres sondages.

Le monde politique n'obéit pas systématiquement aux injonctions de *Bild*. Toutefois, des campagnes très personnalisées ont parfois eu un impact : ainsi, une campagne contre celui que *Bild* ne nommait plus que « Florida-Rolf » (Rolf-de-Floride), devenu le symbole des « profiteurs » de l'aide sociale, a eu pour conséquence un durcissement immédiat des conditions d'obtention de cette aide.

Bild a un pouvoir non négligeable d'*agenda setting*, de définition à la fois des thèmes du débat public et de la forme que prendra ce débat. Les journalistes allemands reprennent le plus souvent les thèmes soulevés par *Bild*, auxquels les politiques se sentent également tenus de réagir, en un raisonnement circulaire : puisque *Bild* a de l'influence, alors il faut tenir compte de *Bild*, et par conséquent, *Bild* a de l'influence. Or la première proposition n'a jamais été démontrée, sa seule réalité est celle que *Bild* lui donne en mettant en scène de manière performative ce qui constitue son fonds de commerce. Un journal « a exactement autant de pouvoir que les politiques lui en attribuent »[12]. Le pouvoir de *Bild* repose dans le fait que la représentation de son pouvoir s'est imposée parmi les politiques ; l'ancien chancelier Schröder déclarait que pour gouverner il n'avait besoin que de la trinité : « *Bild*, *BamS*, Glotze » (*Bild*, *Bild am Sonntag*, la télé). La fin de son mandat fut d'ailleurs marquée, en 2004-2005, par un affrontement avec *Bild* et le groupe Springer, qu'il décida de boycotter en refusant toute interview, en réaction à une couverture jugée trop critique de son action.

6. *Bild* et ses critiques

Bild n'est pas simplement un objet folklorique dont il suffirait de se moquer gentiment, ce dont témoignent les critiques dont il a toujours fait l'objet. Les années 1970 et 1980 ont été marquées par un affrontement permanent entre *Bild* et les intellectuels de gauche, avec deux publications marquantes : le roman de Heinrich Böll *Die verlorene Ehre der Katharina Blum*, qui décrit la manière dont un journal brise la vie d'une femme, et *Der Aufmacher* (1977) de Günter Wallraff, qui décrit de l'intérieur les méthodes de *Bild* (mensonges, manipulation, etc.), méthodes que Böll qualifiait de « fascistes », un avis partagé par Günter Grass. La surveillance et la critique de *Bild* sont maintenant assurées par le Bildblog, un site Internet fondé par les journalistes Stefan Niggemeier et Christoph Schultheis. Ce blog est l'un des plus connus en Allemagne et il attire environ 40 000 visiteurs uniques par jour. La critique a par ailleurs repris de la vigueur dans les autres médias après l'affaire Guttenberg. Le *Spiegel* a consacré en février 2011 une couverture à ceux qu'il nomme « Les incendiaires », se référant en particulier à la campagne de *Bild* pour Sarrazin et contre les

---

12   Niggemeier, Stefan, « Der britische Umsturz », FAZ.net, 18/07/2011, http://www.faz.net/artikel/C31013/macht-und-massenmedien-der-britische-umsturz-30465937.html, page consultée le 24/07/2011.

immigrés, ce qui lui a valu une contre-attaque de *Bild* sous le titre « Le *Spiegel* est castré » (*Bild*, 14/05/2011), où un spécialiste des médias accusait le *Spiegel* d'hypocrisie et de faire lui-même de la « presse de boulevard pour intellectuels ».

Malgré tout cela, *Bild* semble avoir acquis une certaine respectabilité. Ce changement d'image est le résultat des efforts du rédacteur en chef, Kai Diekmann, qui n'a de cesse de répéter que *Bild* est devenu un *Leitmedium* (un média de référence) et s'est installé au centre du spectre social comme du spectre politique.

QUOTIDIENS GRATUITS

La question des quotidiens gratuits permet d'éclairer les divergences entre les éditeurs français et allemands.

1. La stratégie de défense des éditeurs allemands

Le lancement du quotidien *20 Minuten* à Cologne a déclenché en 1999-2001 ce que l'on a appelé le *Kölner Zeitungskrieg*, la guerre des quotidiens de Cologne qui s'est soldée par la défaite du nouvel arrivant et qui a – pour le moment – décidé de l'avenir des gratuits en Allemagne.

Deux éditeurs de payants établis sur le marché local, les groupes Springer et DuMont Schauberg, ont lancé des gratuits conçus comme mesure de défense face à l'arrivée de *20 Minuten Köln*. Cette stratégie, occuper temporairement un segment de marché et assécher le marché publicitaire pour empêcher un concurrent de s'y installer, quitte à réduire ses propres recettes publicitaires, est courante en Allemagne, en particulier sur le marché des magazines. On parle en allemand de *Abwehrtitel* (« titres de défense »). Les deux titres lancés par les éditeurs allemands ont effectivement rempli cette mission, et *20 Minuten* a fini par renoncer en 2001, à la suite de quoi les deux autres gratuits ont également cessé de paraître (voir aussi Chupin *et al.*, 2009 : 99).

S'il n'y a pas de gratuits en Allemagne, ce n'est pas parce que le marché ne s'y prêterait pas : les investissements publicitaires sont là, de même que les infrastructures et les lecteurs, des actifs habitant et/ou travaillant dans de grandes agglomérations. Simplement, les grands éditeurs sont pour le moment opposés à ce modèle et, instruits par l'expérience de Cologne, ils ont tous développé de manière préventive des gratuits prêts à être lancés en cas de besoin (Röper, 2006 : 527). C'est le cas du groupe Springer, particulièrement concerné puisque *Bild* serait directement menacé, mais aussi du groupe WAZ.

2. Un type de presse bien implanté en France

En France, les éditeurs ont réagi à l'arrivée des gratuits, *Metro* puis *20 Minutes*, par de vives protestations, mais sans développer de stratégie plus élaborée, et les gratuits ont rapidement rencontré un vif succès auprès des lecteurs. Les éditeurs français de presse régionale ont fini par créer eux aussi des gratuits, mais avec un retard tel que ces titres ne peuvent être considérés comme des titres de défense.

À l'heure actuelle, on trouve en France trois réseaux de gratuits avec de nombreuses éditions locales pour les grandes villes : *20 Minutes*, *Metro* et *Matin Plus*. *Ouest France* possède la moitié de 20 Minutes France, TF1 qui contrôlait 34,3 % de Metro France en détient depuis l'été 2011 l'ensemble des parts. Certains journalistes sont inquiets, craignant que cela ne transforme le quotidien en machine de promotion de la chaîne de télévision, craignant aussi un virage politique conforme aux liens privilégiés entre les dirigeants du groupe Bouygues et Nicolas Sarkozy[13].

Le réseau Direct Matin Plus, anciennement Ville Plus, était à l'origine destiné à gêner une implantation en province de *20 Minutes* et/ou *Metro* avec des journaux « maison », adossés à la PQR locale payante. Ce réseau dispose d'une régie publicitaire commune. Depuis 2006, il a une tête de pont parisienne, *Direct Matin*, qui appartient à 70 % à Bolloré en partenariat avec *Le Monde* (30 %). Il y a donc une imbrication croissante entre les gratuits et les entreprises de quotidiens payants.

Ces trois réseaux de gratuits mènent entre eux une lutte pour la domination sur le marché, avec diverses stratégies : augmentation de la diffusion ; lutte devant les tribunaux pour la distribution dans le métro parisien ; lancement d'éditions dans des villes supplémentaires.

Les gratuits ont particulièrement souffert de la baisse des investissements publicitaires, et y ont réagi en réduisant leurs dépenses : suppression de postes et plan social chez *20 Minutes* et *Metro*, résiliation de l'abonnement à l'AFP pour *20 Minutes*, ce qui a suscité les protestations des journalistes.

Les gratuits se sont installés dans le paysage de presse français, au point que leur diffusion et leur audience sont mesurés par les mêmes organismes que les quotidiens payants. L'équilibre économique existant a été modifié, le gâteau publicitaire n'étant pas indéfiniment extensible. Le directeur de *20 Minutes* réclame que les gratuits puissent eux aussi bénéficier des aides de l'État et d'une distribution en kiosque[14].

---

13   Le Blevennec, Nolwenn, « Metro : Bolloré m'a tuer, TF1 va me sauver ? », Rue89, 13/07/2011, http://www.rue89.com/2011/07/13/metro-bollore-ma-tuer-tf1-va-me-sauver-213887, page consultée le 24/07/2011.

14   Bozo, Pierre-Jean, « Gratuits et payants, même combat », *Le Monde*, 25/12/2008.

3. Un lectorat différent

Depuis l'arrivée des gratuits, le lectorat des quotidiens se maintient à peu près (– 0,3 % entre 2009 et 2010), mais les éditeurs de payants craignent que les gratuits ne remplacent les payants dans les habitudes de lecture.

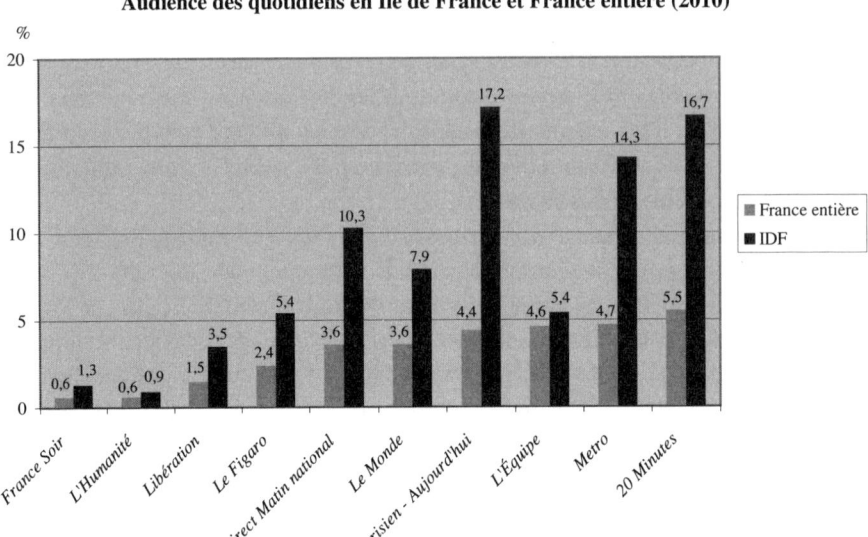

Audience des quotidiens en Île de France et France entière (2010)

Schéma 37
Source : Audipresse

En termes d'audience, *Metro* et *20 Minutes* sont devenus les premiers quotidiens à l'échelle nationale, devançant même *L'Équipe*. En région parisienne, la hiérarchie est différente : *Le Parisien-Aujourd'hui* est en tête, fort de son ancrage local. Il est suivi immédiatement par les trois gratuits, puis par les quotidiens nationaux.

Les lecteurs réguliers des quotidiens gratuits sont à peu près également répartis entre hommes et femmes, sont plutôt jeunes (de 15 à 30 ans), majoritairement étudiants, et habitent majoritairement Paris et l'Île de France (ministère de la Culture et de la Communication, 2008). Il s'agit donc précisément du public qui avait délaissé la presse quotidienne, en particulier la PQN : des jeunes urbain(e)s qui apprécient de pouvoir lire un quotidien gratuitement et rapidement.

Le public des deux types de journaux n'est donc pas le même. La question reste cependant de savoir si les gratuits peuvent mener à ce que

les nouveaux lecteurs, en prenant de l'âge et en ressentant éventuellement un besoin accru d'information, passent dans le lectorat des quotidiens établis, éventuellement comme doubles lecteurs, voire que puisse ainsi être atteint un élargissement du

marché. Le développement du type de quotidien gratuit est encore trop récent pour qu'on puisse avoir une vue d'ensemble de tels effets à long terme. (Röper, 2006 : 525)

Mais pourquoi ce vivier de lecteurs ignorait-il la presse quotidienne avant l'arrivée des gratuits ? Est-ce parce que « la presse quotidienne payante n'a pas su répondre au défi des évolutions de sa clientèle et de son marché » (Eveno, 2008 : 140) ? Un quotidien comme *InfoMatin* (1994-1996), au petit format et aux articles courts, à prix réduit, visait exactement le même lectorat que les gratuits, avec une ligne rédactionnelle comparable ; il n'a néanmoins jamais dépassé les 100 000 exemplaires diffusés. En Allemagne, des quotidiens à bas prix visent un public jeune, urbain, sans atteindre des chiffres de diffusion très élevés.

Il est donc possible que ce soit la démarche volontaire qu'implique le geste d'achat lui-même qui pose problème, davantage que le contenu, même si les gratuits procèdent à des études de marché afin de coller aux désirs des lecteurs.

Le lectorat des gratuits semble cependant recouper celui des quotidiens nationaux les plus en difficulté, comme *Libération* ou *France Soir*, ce qui a des conséquences éditoriales. *Libération* s'est d'abord rapproché de la formule des gratuits, avant de changer du tout au tout pour se distinguer « clairement de ce qui est disponible gratuitement, [...] fournir une expertise qu'on ne trouvera nulle part ailleurs » [15]. La comparaison avec l'offre des gratuits est permanente, par exemple en 2008 : « Le 11 avril, *Libération* est gratuit. Lisez-le, vous comprendrez pourquoi il est payant ».

4. Le cas des « tabloïds » allemands

En Allemagne, l'offensive des gratuits a aussi laissé des traces, et les éditeurs de payants ont réfléchi à des manières de toucher le lectorat potentiel des gratuits tout en conservant un modèle économique traditionnel (ventes et publicité). Cela les a menés à développer des quotidiens de petit format, à bas prix et au contenu plus proche des *Abozeitungen* payants que des *Kaufzeitungen*. On parle en Allemagne de *Tabloids*, un faux ami puisque cela désigne le format et pas, comme c'est le cas en France, une presse de boulevard sur le modèle de *Bild*. En Allemagne, la presse sérieuse est associée au grand format, et ces nouveaux journaux rompent donc avec les représentations traditionnelles.

Ces tabloïds à l'allemande visent précisément le public qui, dans les autres pays, constitue l'essentiel du lectorat des gratuits : les jeunes urbains qui souhaitent lire un quotidien en peu de temps, dans les transports en commun en route vers leur lieu de travail.

Parmi ces titres, tous lancés en 2004, citons ceux du groupe Holtzbrinck (*News*, un dérivé du *Handelsblatt* vendu à Francfort, puis *20 Cent*, adossé à des quotidiens

---

[15] Joffrin, Laurent, « À nos lecteurs », *Libération*, 17/11/2008.

d'autres villes), du groupe Springer (*Welt kompakt*), du groupe M. DuMont Schauberg (*Direkt* à Cologne). Cette « tabloïdite »[16] n'a que peu duré, le format n'étant la plupart du temps pas rentable sur le plan des recettes publicitaires. Seul *Welt kompakt* (0,80 €) a survécu, qui permet de maintenir à flot la *Welt* (1,90 €) chroniquement déficitaire. Springer espérait, pour l'ensemble des deux titres, une augmentation de la diffusion de 10 %, or elle est plutôt de l'ordre de 25 % en semaine.

Le public-cible n'est pas le lectorat traditionnel du quotidien, mais des jeunes, diplômés et à fort revenu, habitant dans les grandes villes. Selon Springer, « plus de la moitié des lecteurs sont âgés de 18 à 35 ans. Un sur deux n'a jusqu'ici jamais ou que rarement lu le journal »[17]. Les lecteurs sont donc très proches de ceux des gratuits en France.

Le segment de marché sur lequel se situe le journal apparaît clairement dans le slogan publicitaire « Kurz. Anders. Gedruckt » (« Court. Différent. Imprimé »). Les éditeurs allemands tentent ainsi de résoudre le problème posé à la fois par la désaffection des jeunes pour les journaux (qui ne date pas de l'arrivée d'un nouveau média) et la concurrence de l'information *online*, en proposant un produit présenté comme moderne car hybride. Les articles sont plus courts, l'information est plus actuelle grâce à un bouclage plus tardif. Les analyses de fond, elles, sont réservées au grand format. Cette répartition des fonctions et des publics sur deux formats différents permet de ne pas renoncer à ce qui faisait l'identité du titre d'origine, qui garde malgré tout beaucoup de lecteurs. Springer évite ainsi le périlleux exercice de grand écart auquel se livrent les quotidiens français payants qui ne veulent pas renoncer complètement au public jeune. Cela lui coûte peu d'argent : la plupart des articles qui paraissent dans *Welt kompakt* sont une version raccourcie de ceux de *Die Welt*, produits à Berlin dans un *newsroom* commun avec la *Berliner Morgenpost* et *Welt am Sonntag*. Springer compte poursuivre dans cette voie avec une version tabloïd de la *Welt am Sonntag* et avec la *Berliner Morgenpost Kompakt*.

En France, on ne connaît de telles déclinaisons tabloïds de titres existants que dans le domaine des quotidiens sportifs : suite au lancement de plusieurs journaux sportifs à bas prix, *L'Équipe* a lancé en 2008 un quotidien consacré au foot à 50 centimes, *Aujourd'hui Sport*, qui n'a duré que le temps de voir disparaître les concurrents du titre principal.

---

16   *NZZ Online*, 17/09/2004, http://www.nzz.ch/2004/09/17/em/article9UVJC.html, page consultée le 24/07/2011.

17   Beuth, Marie-Catherine, « La presse quotidienne mise sur le format tabloïd », *Le Figaro*, 19/11/2004.

BILD EN FRANCE ?

Lorsque le groupe Springer a envisagé en 2006 de lancer un « *Bild* à la française », avec des éditions régionales, les éditeurs français de PQN comme de PQR ont accueilli la nouvelle avec crainte. Le groupe Amaury (*Le Parisien*), directement menacé et tirant les leçons de l'inertie face à l'offensive des gratuits, a préparé une riposte, un quotidien populaire à bas prix portant le nom de code *Kill Bild*.

Lorsqu'on pose à des étudiants la question « *Bild* est-il possible en France ? », la réponse est toujours négative, avec une argumentation exclusivement culturelle. L'absence en France de quotidiens populaires comparables à *Bild* est attribuée à une absence de goût des Français pour « ce genre » de journal, une sorte de supériorité des mœurs présupposée plutôt que démontrée. Pourtant, les magazines *people* connaissent en France un énorme succès, avec en 2010 une diffusion hebdomadaire totale de 2,6 millions d'exemplaires (pour 8 titres). Les Unes de *France Dimanche* ou *Ici Paris* n'ont rien à envier à celles de *Bild*. On ne peut donc pas dire que « les Français » seraient allergiques à une presse *trash* vivant de l'indiscrétion et du ragot mis en scène de manière sensationnelle.

Le terrain du scandale et de la dénonciation des « moutons noirs » qui menaceraient une entreprise commune, « la France », est également occupé, même si c'est de manière ponctuelle, par des *news magazines*[18]. La dénonciation des élites est le fonds de commerce de *Marianne*. On pourrait émettre l'hypothèse que le véritable « *Bild* à la française » est la conjonction de différents magazines remplissant de manière séparée les différentes fonctions de *Bild* (voir chapitre 7).

S'il ne s'agit donc pas d'une question de contenu, c'est probablement dans la structuration du marché et du lectorat français qu'il faut chercher les raisons à l'abandon par Springer de son projet. La raison officielle était d'ordre technique et financier : le réseau de points de vente au numéro étant trop peu développé en France, Springer avait tenté d'obtenir des NMPP l'ouverture de 10 000 nouveaux points de vente, soit rien de moins qu'un tiers de plus que le nombre existant. Ne pouvant espérer atteindre la diffusion nécessaire à rentabiliser le projet, Springer a renoncé. L'explication officielle évoquait aussi la protection de la vie privée, bien plus développée qu'en Allemagne. Par ailleurs, une rumeur veut que le groupe Springer ait fait l'objet de pressions politiques pour qu'il renonce à ce projet. Le fait que des journalistes français jugent plausible cette explication, qui est en elle-même difficile à vérifier, en dit long sur la porosité entre politique et médias en France.

Toutes ces explications sont envisageables, mais il semble certain qu'un autre aspect est entré en ligne de compte : la présence des quotidiens gratuits, qui drainent précisément le vivier de lecteurs susceptibles d'être attirés par un quotidien à bas prix. Car

---

[18] Voir par exemple la couverture sur « La France des assistés » du *Figaro magazine*, 6/06/2011, ou celle du *Point* sur « Ceux qui ruinent la France », 21/04/2011.

même « à bas prix », c'est déjà trop face à l'offre des gratuits en croissance rapide tant en région parisienne qu'en province. Il est d'ailleurs étonnant que le groupe Springer n'ait pas tenu compte de toutes ces données avant d'investir des sommes considérables dans un projet somme toute condamné d'avance. Il se peut d'ailleurs que toute l'opération ait été une sorte de leurre : à la même époque, Springer était considéré par les marchés financiers comme ayant trop de capital et pas assez de dettes[19], et le groupe avait lancé une politique d'investissements à tout va qui pourrait avoir été un signal lancé aux marchés, qu'ils se réalisent ou pas.

Selon Patrick Eveno (2008 : 105), les quotidiens ont abandonné le public populaire, en ne tenant pas compte de « son évolution sociologique et culturelle ». Un pan entier de la population attendait donc que l'on produise enfin le grand quotidien populaire qui lui conviendrait. Pourtant, *France Soir* est à l'agonie depuis longtemps, et *Aujourd'hui en France*, créé en 1994, est certes devenu le quatrième quotidien national en termes de diffusion mais n'a pas distancé les autres nationaux. Il semble donc qu'en France, la télévision et la presse magazine aient largement pris la place de la presse populaire. Toujours selon Eveno (2008 : 105), c'est parce que la presse française était trop politisée qu'elle a perdu son public. La comparaison avec l'Allemagne permet de nuancer cette explication : *Bild* ne peut en aucun cas être considéré comme un journal apolitique, ce qui ne l'empêche pas d'avoir une diffusion phénoménale.

France Soir a lancé en 2010 sa nouvelle formule au prix de 50 centimes, ce qui en faisait le quotidien national d'information le moins cher. Alors que son propriétaire visait une diffusion de 150 000 exemplaires, le journal n'a atteint en moyenne en 2010 que 75 000 exemplaires, ce qui représente tout de même un bond de près de 400 %. Mais cette embellie, due probablement à une campagne publicitaire de grande ampleur, a été suivie par une nouvelle chute des ventes, qui a mené à une augmentation progressive du prix de vente, passé à 0,80 €. Le recoupement entre le public visé et celui des gratuits d'une part, celui du *Parisien-Aujourd'hui* d'autre part, semble condamner à l'échec cette entreprise de rénovation de *France Soir*, d'autant plus que le journal a renoncé à son public historique (par exemple en réduisant considérablement, contre l'avis de 95 % des journalistes, le cahier hippique) sans que les conditions soient réunies pour qu'il en gagne un nouveau. Si l'on se fie à l'hypothèse avancée ci-dessus selon laquelle désormais, pour le public non lecteur de la PQN traditionnelle, la gratuité importe davantage que le contenu, le virage *trash* envisagé un temps, s'il avait lieu, ne devrait pas changer fondamentalement la donne. Le lectorat jeune des grandes villes est monopolisé par les gratuits, et le lectorat « populaire » à faible pouvoir d'achat reste fidèle à la PQR et semble s'être en grande partie définitivement détourné des quotidiens nationaux.

---

19 Meier, Lutz, Hülsen, Isabell, « Springers bunte Mischung », *Financial Times Deutschland*, 26/11/2006.

7

La presse magazine

AUDIENCE ET DIFFUSION

La presse magazine touche un peu plus de lecteurs en France qu'en Allemagne. En Allemagne, le taux de pénétration est un peu plus élevé chez les femmes, les 40-49 ans, les diplômés et les revenus les plus élevés, mais les écarts ne sont pas très élevés (Media Analyse). En France, les lecteurs réguliers de magazines sont plutôt les femmes, les moins de 50 ans, les chefs d'entreprise et les cadres, les habitants de la région parisienne et les foyers plutôt aisés (Audipresse). Dans les deux pays, les lecteurs lisent plusieurs titres. En France, le lectorat de la presse magazine, plus jeune, plus féminin, représente une sorte de « photographie inversée » de celui de la presse quotidienne payante. Cette situation spécifique à la France « voit le magazine constituer le principal concurrent du quotidien » (Charon, 2008b : 5).

Les dix titres les plus diffusés en France atteignent un total de 19 millions d'exemplaires, contre près de 28 millions en Allemagne. Le marché allemand est donc nettement plus important que le marché français (schémas 38-39).

Ces chiffres intègrent un type bien particulier de magazines, les suppléments vendus avec les quotidiens régionaux : *TV Magazine* et *Version Femina* en France, les programmes TV *rtv* et *Prisma* en Allemagne. Leur diffusion ne reposant pas sur un acte délibéré d'achat, nous nous intéresserons surtout aux autres titres (schéma 40).

Dans les deux pays, la diffusion des magazines grand public est en baisse, mais cette baisse est plus marquée en France. Les réponses des éditeurs sont très similaires dans les deux pays : nouvelles formules, versions pocket, variations du prix afin d'inciter de nouveaux lecteurs à essayer des titres ou lors de l'arrivée d'un titre concurrent. Les plus-produits et toutes les mesures de recrutement d'abonnés (cadeaux de bienvenue, constitution de fichiers, suivi des lecteurs) font également partie de l'éventail de mesures marketing visant à fidéliser ou à élargir le lectorat.

Presse magazine en France : les 12 plus fortes diffusions (2010)

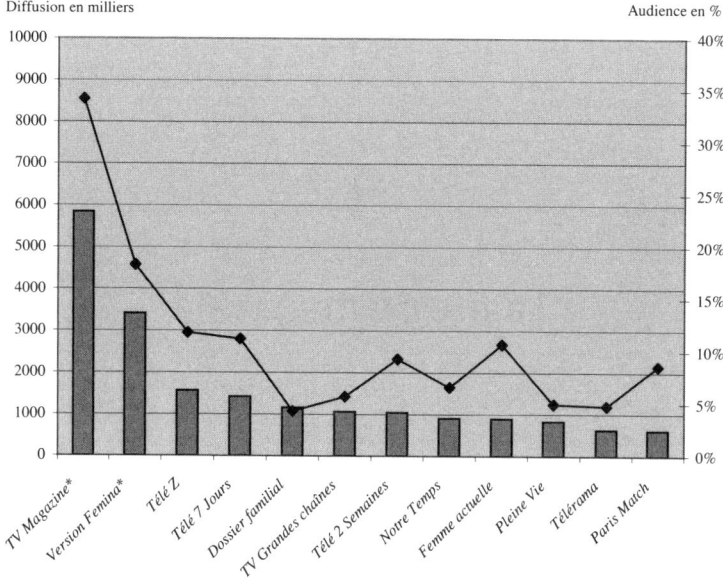

Schéma 38
Sources : Calculs de l'auteur sur base OJD /
* suppléments vendus automatiquement avec des quotidiens

Presse magazine en Allemagne : les 12 plus fortes diffusions (2010)

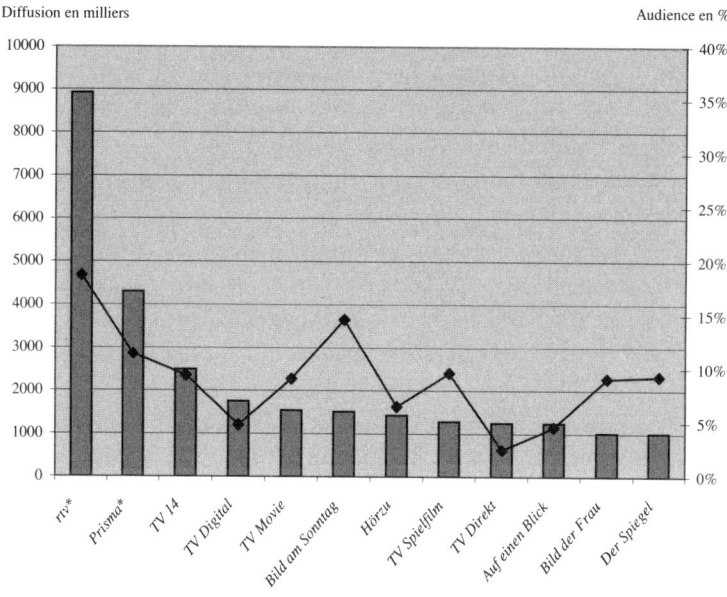

Schéma 39
Sources : Calculs de l'auteur sur base IVW /
* suppléments vendus automatiquement avec des quotidiens

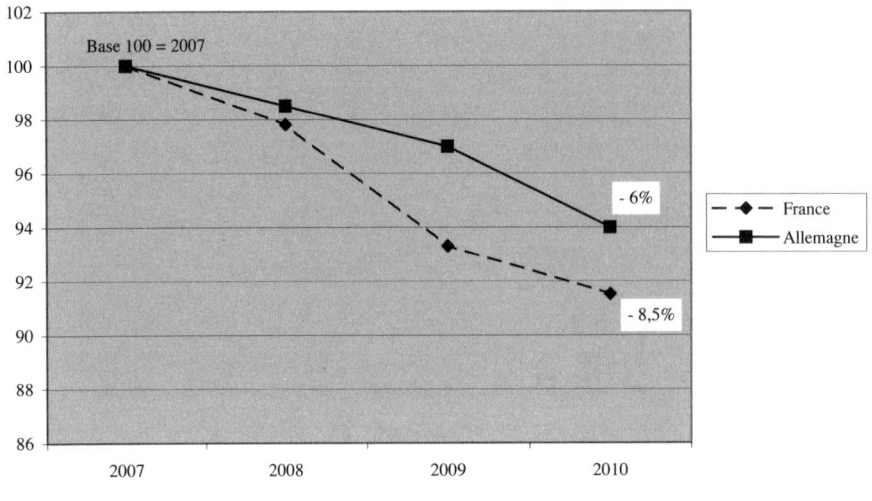

Presse magazine : évolution de la diffusion 2007-2010

Base 100 = 2007

- 6%

- 8,5%

France
Allemagne

2007 2008 2009 2010

Schéma 40
Sources : OJD, IVW
L'année 2007 sert de base 100 pour les deux pays,
ce qui ne signifie pas que le chiffre de la diffusion y était identique.

FAMILLES DE TITRES

En France, l'OJD dénombre 427 titres (magazines grand public et *news magazines*). Le nombre de titres est plus élevé en Allemagne, quelle que soit la nomenclature adoptée : 552 titres certifiés IVW selon Vogel (2010), 838 selon le VDZ. Entre 2008 et 2010, le nombre de titres a davantage baissé en France (– 7,2 %) qu'en Allemagne (– 0,5 %). Le marché allemand est plus dynamique, et le groupe Gruner + Jahr, par exemple, réalise 25 % de son chiffre d'affaires avec des titres nouveaux. On constate dans les deux pays la transformation de titres de magazines en « marques » dont les déclinaisons forment une « galaxie » : *Marie Claire Maison* pour *Marie Claire* en France, ou en Allemagne *Geolino* pour *Geo*, *Zeit Wissen* et *Zeit Campus* pour *Die Zeit*, *UniSpiegel* pour *Der Spiegel*, *Focus Money* pour *Focus*, *Yuno*, *Neon* et *Nido* pour *Stern*, etc.

En ce qui concerne le contenu, les magazines français et allemands ont de nombreuses caractéristiques communes, qui correspondent à celles énumérées par Jean-Marie Charon (2008a : 4-5) : importance du visuel, périodicité, déconnexion de l'actualité chaude, segmentation du public selon les intérêts, les goûts ou encore la tranche d'âge, mise en scène de l'information, proximité voire brouillage des frontières entre l'information et la publicité (en particulier dans les magazines féminins).

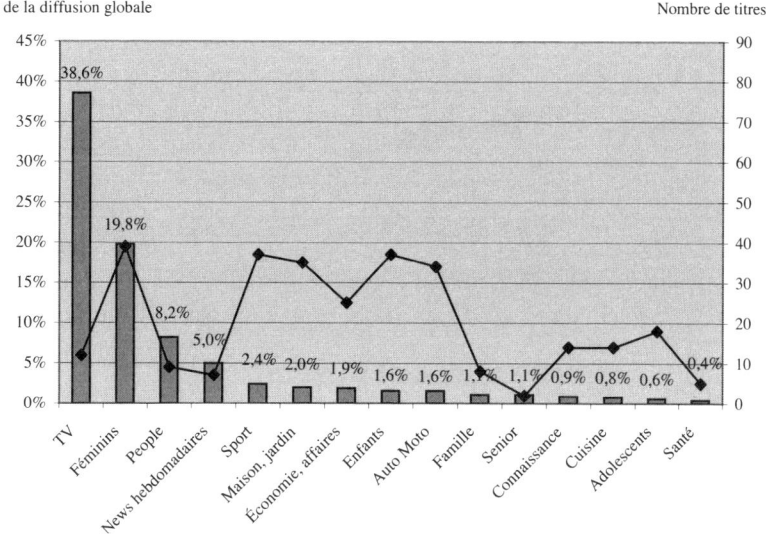

Presse magazine en France : familles de titres (2010)

Schéma 41
Source : Calculs de l'auteur sur base OJD ;
les catégories ont été adaptées pour permettre la comparaison.

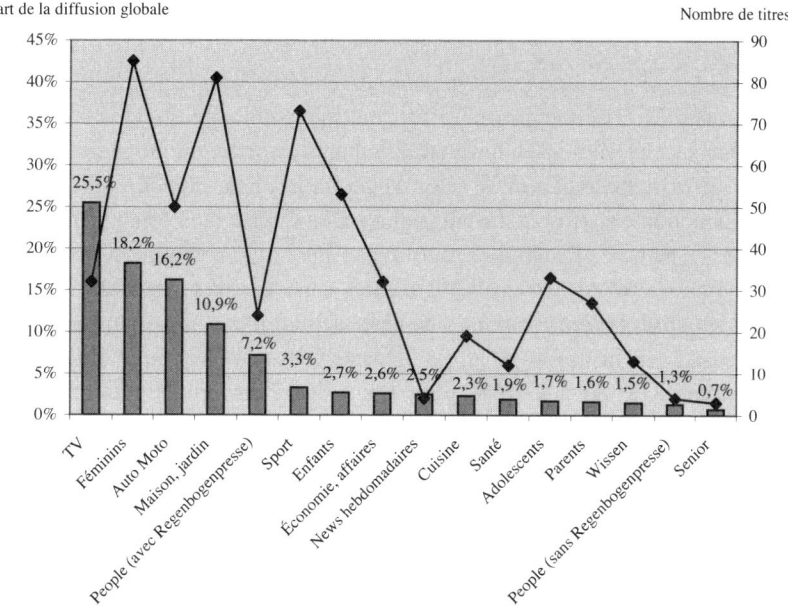

Presse magazine en Allemagne : familles de titres (2010)

Schéma 42
Source : Calculs de l'auteur sur base IVW ;
les catégories ont été adaptées pour permettre la comparaison.

Valérie Robert

QUELQUES DIFFÉRENCES CULTURELLES

Bien plus que les quotidiens, la presse magazine reflète les intérêts des lecteurs : le succès d'une famille de titres témoigne d'une adéquation entre l'offre et les goûts du public, et renseigne sur ces derniers. La diffusion de la presse magazine permet de confirmer quelques différences culturelles qui ne sont pas que des clichés : les Allemands s'intéressent beaucoup à leur voiture ou à leur moto, de même qu'à l'aménagement de leur maison ou de leur jardin. Ce n'est pas le cas en France, où les magazines maison/déco/jardin sont certes nombreux mais ne représentent qu'une part beaucoup plus faible de la diffusion globale. Autre opposition, qui va cette fois à l'encontre des clichés : c'est en Allemagne que les magazines de gastronomie et de cuisine ont une plus grande part de la diffusion.

Certains titres qui n'apparaissent pas dans ces tableaux constituent également des spécificités culturelles. *Le Chasseur français*, avec une diffusion de plus de 300 000 exemplaires par mois (autant que *Psychologies magazine*, et près de 30 % de plus que l'ensemble des magazines de chasse allemands), avec une célèbre rubrique d'annonces matrimoniales, touche 3,6 % de la population, plus que *Le Figaro magazine* ou *Le Point*, autant que *Marianne,* un peu moins que *L'Express*. Cela montre l'existence en France d'un important lectorat rural attaché aux traditions, que traduit également l'existence d'un parti politique comme Chasse, Pêche, Nature et Traditions, tout comme l'existence de la presse hebdomadaire régionale (186 titres à faible diffusion, entre 1 000 et 73 000 exemplaires, avec un taux de pénétration moyen de 12,9 %). Ils permettent de relativiser l'importance accordée à la presse parisienne (quotidienne ou magazine), dont le prestige fait oublier qu'elle ne touche finalement qu'une petite partie de la population.

L'Allemagne dispose également de magazines touchant à la vie rurale, mais le leader des ventes, *Landlust*, est tout à fait différent ; il joue sur un retour aux sources de citadins rêvant de ralentir le rythme, sur la glorification – à distance – d'une vie à la campagne censée être idyllique. *Landlust* ne traduit pas la persistance d'un mode de vie traditionnel mais surfe sur sa redécouverte, déformée par le prisme de la nostalgie. Ce bimestriel, lancé en 2005 et sous-titré « Les plus beaux aspects de la vie à la campagne », voit sa diffusion augmenter sans cesse, se classant désormais parmi les vingt titres les plus diffusés. Son audience est évaluée à 3,2 %, ce qui le classe devant les mensuels féminins. On peut dire qu'il est le reflet de l'existence en Allemagne d'un parti écologiste fort, dont l'électorat est majoritairement citadin, diplômé et à hauts revenus (ce que le discours médiatique nomme péjorativement les « bobos »).

NEWS MAGAZINES
ET HEBDOMADAIRES D'INFORMATION

**Hebdomadaires d'information et *news magazines* :
diffusion et audience (2010)**

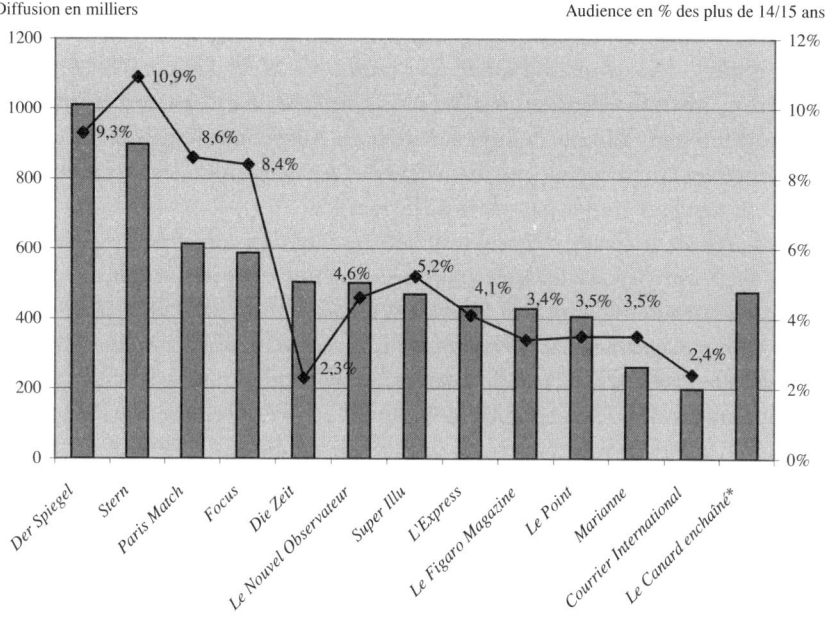

Schéma 43
Sources : Media Analyse, Audipresse/AEPM, OJD,
IVW (hors journaux du dimanche), *Le Canard enchaîné*
*Chiffre de 2009, non certifié OJD, pas de mesure du lectorat.

Les *news magazines* et les hebdomadaires d'information[1], même en France où ils ne font pas partie des plus grosses diffusions, sont considérés comme importants dans le débat public, et leur prestige n'est pas nécessairement proportionnel à leur audience. Les titres sont plus nombreux en France, mais la diffusion cumulée des différents titres allemands est de 20 % supérieure à celle des *news* français. Les lecteurs allemands disposent de trois *news* dont l'audience respective dépasse 8 % de la population, ce qui dénote un appétit considérable pour l'actualité, en particulier politique. En France, cette catégorie de magazines a une « rentabilité souvent nulle » (Charon, 2008a : 64), alors que ce sont en Allemagne des entreprises florissantes, dont certaines comme le *Spiegel* ont construit autour d'elles des groupes multimédias.

---

1   *Super Illu* figure ici pour information ; son cas spécifique sera traité plus loin.

Valérie Robert

La concurrence entre ces magazines n'est pas non plus comparable. En Allemagne, leur lectorat se recoupe peu, même si leurs lecteurs sont majoritairement des hommes, entre 20 et 64 ans, diplômés à hauts revenus. Le *Spiegel* reste considéré comme *le* magazine d'investigation, et *Stern* mise davantage sur le *people*. *Focus*, créé en 1993 avec pour mission déclarée de devenir un concurrent du *Spiegel*, a réussi pendant quelque temps à se positionner comme un *Spiegel* plus conservateur, aux articles plus courts et plus faciles à lire, avec une part importante accordée à l'infographie et aux encadrés. Cela a eu en retour des conséquences sur le style du *Spiegel* qui, pour faire face à cette concurrence, a lui aussi évolué dans le même sens. Cependant, *Focus* a vu ses ventes baisser de 25 % en dix ans (– 34 % pour les abonnements), alors que le *Spiegel* n'a perdu que 3,5 % de ses ventes (+ 41 % pour les abonnements). *Focus* atteint ses meilleures ventes lorsqu'il se concentre sur la vie pratique, les « News to use », et n'a jamais réussi à s'établir réellement en tant que magazine d'investigation. Le *Spiegel* (plus d'1 million d'exemplaires vendus, une audience de 9,3 %) reste le média de référence dans le domaine politique, et son site Internet fait partie des plus visités.

La situation en France est différente : les *news magazines* visent eux aussi un lectorat très similaire, celui des hommes, cadres, à fort pouvoir d'achat (sauf *Paris Match* qui a plus de lectrices que de lecteurs), mais ils le font avec des formules assez proches. La concurrence est rude autant à l'intérieur de cette famille de titres que dans l'ensemble de la presse magazine, les frontières entre familles semblant être effacées. Ainsi, on constate des similitudes dans le mode de traitement de l'information par les magazines *people* ou féminins et les *news*, qui multiplient les nouvelles formules pour accrocher le lecteur. Ceci a des conséquences sur le contenu : les *news magazines*, tout en dénonçant le « piège *people* » (*L'Express*, 30/07/2009), tombent eux aussi, avec des couvertures accrocheuses et la promesse de « révélations »[2], dans une « peopolisation », une personnalisation à outrance de la vie politique. Les couvertures les plus racoleuses sont souvent le fait des magazines ayant le taux d'abonnement le plus bas, comme *Marianne* (43 % d'abonnés).

Les *news magazines* sont en France, autant pour les ventes que pour la publicité, les principaux concurrents des quotidiens (Charon, 2008b : 22), ceux-ci n'ayant, contrairement aux quotidiens allemands, proposé que tardivement des éditions ou des magazines du week-end. Ce retard est en passe d'être rattrapé : par exemple, l'édition du samedi du *Monde* a été étoffée et elle se double désormais du magazine *M*.

On peut compter également parmi les hebdomadaires d'information générale et politique les *Wochenzeitungen*, des hebdomadaires imprimés sur papier journal. L'IVW en dénombre 25, avec une diffusion moyenne de 76 000 exemplaires. On connaît ce format en France dans la presse hebdomadaire régionale et avec *Le Canard enchaîné* en presse nationale (477 000 exemplaires vendus affichés pour 2009).

---

2   Pour une analyse très étayée, voir Perais, Denis, « L'Express dans "le piège *people*" », Acrimed, 9/11/2009, http://www.acrimed.org/article3250.html, page consultée le 7/08/2011.

Le *Wochenzeitung* le plus connu est *Die Zeit*. Il s'agit d'un type d'hebdomadaire inconnu en France, de haut niveau intellectuel, avec des articles très longs traitant de sujets de société et de culture. Avec une audience moyenne de 2,3 % pour l'ensemble de l'Allemagne, *Die Zeit* est nettement en dessous des *news magazines*, mais au-dessus des quotidiens suprarégionaux qu'elle concurrence également. Son lectorat est plutôt masculin et diplômé, souvent universitaire, majoritairement âgé de plus de 60 ans et à fort pouvoir d'achat. L'hebdomadaire se décline depuis 1970 en format magazine, le *Zeit-Magazin*, qui vise des lecteurs plus jeunes. *Die Zeit* publie des éditions spécifiques pour la Saxe, pour l'Autriche et pour la Suisse, avec des pages supplémentaires traitant de thèmes locaux.

L'ambition intellectuelle de la *Zeit* fait sa particularité et son succès. Ses ventes augmentent régulièrement, soutenues par des campagnes publicitaires et de nombreux plus-produits : plus 14 % entre 2000 et 2010, avec une augmentation de 27 % des abonnements, qui constituent 63 % des ventes. L'hebdomadaire semble ne pas souffrir de la concurrence d'Internet. Le Zeit Verlag (qui appartient au groupe familial Georg von Holtzbrinck) tire presque un tiers de ses recettes de produits dérivés (magazines, éditions de livres, événementiel, sites Internet et même formation avec les conférences et les DVD de la Zeit-Akademie).

Le Canard enchaîné est pour sa part une spécificité française : financé uniquement par ses ventes et celles de ses suppléments, l'hebdomadaire satirique devenu progressivement un organe d'information politique est une entreprise florissante. La presse satirique est davantage représentée en France, avec également *Charlie Hebdo*, *Siné Mensuel*. On ne trouve en Allemagne que peu de titres de ce type, le plus connu étant le mensuel *Titanic* (un peu moins de 100 000 exemplaires), émanation de la « Nouvelle École de Francfort », à l'humour moins graveleux. Sa pratique de la photo de couverture très provocatrice[3] le rapprocherait plutôt du défunt *Hara Kiri*. La critique du langage (en particulier celui de la politique et de la presse de boulevard) est également une dimension importante de *Titanic*, qui s'inscrit en cela dans la tradition du polémiste viennois Karl Kraus, avec une ambition intellectuelle qui le distingue des magazines satiriques français.

Autre spécificité française : *Télérama*, magazine à l'origine consacré à la télévision, et devenu un magazine culturel au sens large. Cette combinaison de pages à but pratique (programmes de télévision et de radio) et de reportages et de critiques dont l'ambition intellectuelle est claire le place parmi les premiers hebdomadaires en termes de diffusion, par exemple devant *Paris Match* et *Le Nouvel Observateur*. Sa diffusion de 632 000 exemplaires (2010) est également supérieure à celle de *Die Zeit* (504 000 exemplaires).

---

3   Pour une sélection des meilleures couvertures : http://www.spiegel.de/fotostrecke/fotos-trecke-47378.html, page consultée le 24/07/2011.

PRISMA PRESSE OU L'INVASION DES « LESSIVIERS »

Dans le domaine des magazines TV, *people* et féminins, le marché français est dominé en grande partie par un éditeur allemand, Prisma Presse, filiale française du groupe Gruner + Jahr, dont le cas est particulièrement intéressant car il représente une zone de contact voire de frottement entre les paysages de presse français et allemand qui permet de mettre en lumière certaines différences.

Le succès de Prisma Presse en France ne peut être résumé à l'importation de méthodes ou contenus spécifiquement allemands. Son fondateur, Axel Ganz, a commencé par adapter au marché français, dans leur forme comme dans leur contenu, des titres fonctionnant en Allemagne (*Geo*, *Capital* ou *Ça m'intéresse*). Mais il a rapidement créé de nouveaux titres sans équivalent allemand, notamment *Prima* en 1982, *Femme actuelle* en 1984, *Voici* en 1987. Pour les magazines féminins, Ganz considérait que les magazines existants ne visaient qu'une minorité parisienne, et qu'il fallait atteindre les femmes « ordinaires » qui ne se retrouvaient pas dans ces magazines.

Cette approche est-elle spécifiquement allemande ? On peut répondre par l'affirmative en ce qui concerne l'accent mis sur les informations pratiques, qui caractérise tout autant *Bild*. Même chose pour le caractère assez agressif de la presse *people* de Prisma Presse, dont les méthodes lui ont valu de fréquents procès pour violation de la vie privée.

Cependant, les magazines Prisma sont différents des magazines allemands de Gruner + Jahr, comme le décrit l'ancien président du groupe : « des textes plus courts, plus de photos, plus de gros titres, plus de boulevard » (*Der Spiegel*, 22/1999). Ce dernier point est le plus important. En réalité, ce que Ganz a importé en France, c'est moins la presse *magazine* allemande que les recettes du succès de la presse *quotidienne* de boulevard. Avec ses titres nouveaux, Prisma a introduit en France un équivalent de *Bild* en format magazine, éclaté sur plusieurs titres : le *people* agressif dans *Voici*, les conseils pratiques dans *Femme actuelle* et *Prima*. Manque toutefois à cette palette le politique, un domaine que Ganz s'est toujours interdit, selon lui pour que son entreprise, filiale d'un groupe allemand, ne soit pas accusée d'ingérence dans la vie politique française (*Libération*, 21/10/2006).

Une comparaison des versions allemande et française de *Capital* est éclairante quant au déplacement qui s'est produit dans le public cible comme dans le ton : la version française est beaucoup plus agressive, dénonçant souvent les « profiteurs » (fonctionnaires, « menteurs » et autres gaspilleurs) (Grosse, 2004). Le ton est plus familier, la présentation plus colorée, alors que le *Capital* allemand est plus sobre et sérieux (*ibid.*). Le magazine a donc été « boulevardisé ».

La stratégie de création de titres populaires, au prix de vente très bas et à fort tirage, un type de presse qui n'existait pas en France jusque-là, a apporté au groupe une croissance très rapide. C'est également Prisma qui a développé en France la stratégie de la spécialisation (Le Floch et Sonnac, 2005 : 100), qui consiste à occuper un segment

de presse par plusieurs titres similaires et concurrents afin de monopoliser le gâteau publicitaire et éviter ainsi l'arrivée de concurrents (par exemple dans le secteur de la presse *people* ou des programmes TV).

Ce sont ces méthodes qui ont suscité chez les éditeurs français un front de rejet à forte tonalité antigermanique, et l'on a parlé de « Panzer division », de « Grosse Bertha » (*Stratégies*, 09/11/2001) ou du « Kaiser Ganz »[4]. Ce discours développait une opposition entre des artistes et un froid calculateur, entre des éditeurs français censés être attachés au contenu et les « lessiviers » allemands, lançant « des hebdos comme des barils d'Ariel » (*Le Nouvel Observateur*, 17-23/06/1988). La similitude avec la réaction des éditeurs allemands à l'arrivée des fonds d'investissement dans la presse quotidienne est évidente (voir chapitre 5). L'arrivée d'autres éditeurs allemands, Bauer puis Springer, suscita des réactions de la même eau. *Le Nouvel Observateur* parlait ainsi en 1988 des nouveaux magazines féminins comme d'« une belle attaque allemande de la femme française » (*Le Nouvel Observateur*, 17-23/06/1988), le registre de l'invasion et de l'attaque restait donc dominant. Il a disparu progressivement, à mesure que Prisma Presse s'installait dans le paysage et surtout faisait des émules parmi les éditeurs français.

L'énorme succès de titres comme *Femme Actuelle* ou *Voici* a eu des effets sur les pratiques commerciales et rédactionnelles, les autres éditeurs français lançant à leur tour des titres similaires, plus populaires, adaptés à la lecture en « zapping » et misant davantage sur la personnalisation.

L'influence de Prisma Presse est particulièrement sensible dans le domaine de la presse *people*, Ganz étant considéré comme « celui par qui le *people* est arrivé en France » (*Libération*, 21/10/2006).

Si les magazines vivant des indiscrétions sur la vie des stars existaient déjà en France (*Paris Match*, *Ici Paris*, *France Dimanche*), *Voici* a introduit un ton nouveau, impertinent voire agressif, une culture du *scoop*, la pratique de la photo volée. Les éditeurs français ont commencé par condamner l'introduction en France de méthodes supposées rompre avec des mœurs françaises bien plus policées. Des chiffres de vente en augmentation exponentielle les ont poussés à adapter leurs magazines à la nouvelle donne. Le segment de la presse *people* à tendance *trash* est désormais très occupé, et *Voici* a de nombreux concurrents (*Closer*, *Public*, *Oops!*). Les magazines qui existaient antérieurement, soumis à la pression de la concurrence, ont développé une approche plus offensive et se sont en particulier intéressés davantage à la vie privée des politiques. Ce n'est pas *Voici*, mais *Paris Match* qui, en 1994, a révélé l'existence et publié les premières photos de Mazarine Pingeot, ou qui a en 1998 publié la photo de François Mitterrand sur son lit de mort.

La presse *people* est la troisième famille de magazines en France. En Allemagne, ce segment est proportionnellement moins important : 7,2 % de la diffusion globale si

---

4   Dufay, François, « Les soucis du kaiser Ganz », lepoint.fr, 25/06/1999, http://www.lepoint. fr/archives/article.php/84363, page consultée le 2/08/2011.

Valérie Robert

l'on inclut la presse féminine à tendance *people*, la *Regenbogenpresse* (voir plus bas), 1,3 % seulement si on exclut cette presse du calcul. Ce qui distingue la France de l'Allemagne, ce n'est donc pas un moindre goût pour les ragots et la vie privée des stars et starlettes, mais plutôt la répartition par type de journal. En Allemagne, le quotidien *Bild* occupe le terrain de manière massive, complété pour les femmes (beaucoup moins lectrices de *Bild*) par les magazines de la *Regenbogenpresse*. En France, ce type de contenus est réservé à la presse magazine avec des titres dédiés (deux fois plus qu'en Allemagne).

FEMMES, JEUNES, SENIORS

La presse féminine a une part à peu près équivalente dans les deux pays, avec un nombre de titres double en Allemagne. En France, les 40 titres ont une diffusion moyenne assez basse. La plus grosse diffusion est *Version Femina*, titre de Lagardère distribué avec la PQR. À part ce titre et *Femme Actuelle* (près de 900 000 exemplaires), la France ne connaît pas de féminins gros vendeurs. En Allemagne, au contraire, de nombreux titres ont une grosse diffusion, comme *Brigitte* (700 000 exemplaires), ainsi que tous les titres de la *Regenbogenpresse* comme *Bild der Frau* ou *Freizeitrevue* (près d'1 million chacun). Cette catégorie de magazines féminins, qui traitent à la fois de la vie sentimentale des stars (en particulier de la noblesse) et de la vie quotidienne des lectrices, avec conseils mode, beauté et santé, représente plus de 6 millions d'exemplaires, alors qu'elle n'est représentée en France que par *Nous Deux*, qui vend un peu moins de 300 000 exemplaires. Le lectorat de cette presse est plutôt âgé et à faible pouvoir d'achat.

Les éditeurs allemands et français tentent de renouveler leur public en lançant des magazines visant les trentenaires urbaines, actives et consommatrices. Dans les deux pays, l'arrivée du titre italien *Grazia* (2009 en France, 2010 en Allemagne) a accru la concurrence entre magazines féminins haut de gamme, en particulier en ce qui concerne la publicité. Le bimensuel allemand *Brigitte* a développé différentes versions (*Brigitte Woman*, *Brigitte Mom*, *Brigitte Balance*), et a réussi un coup (éditorial autant que marketing) en décidant début 2010 de cesser d'employer des mannequins professionnels dans ses séries de mode, se limitant à des femmes « normales » (mais jeunes et minces...) – avec pour résultat une augmentation temporaire des ventes.

Les magazines pour jeunes (des enfants aux adolescents, en passant par les magazines de « savoir » qui visent en grande partie cette tranche d'âge), sont très développés en Allemagne : 99 titres et 5,9 % de la diffusion globale des magazines, contre 69 titres et une part de marché de 3,1 % en France.

Des magazines spécifiquement conçus pour les enfants et les adolescents existent depuis longtemps en France et en Allemagne. Des groupes sont spécialisés dans ce secteur, comme Bayard en France, ou Bauer en Allemagne, qui édite *Bravo*, un maga-

zine devenu culte qui a accompagné depuis 1956 les premiers émois de générations d'adolescents.

En Allemagne, des titres pour adultes tentent de capter ce jeune public en lui offrant des déclinaisons spécifiques. *Die Zeit*, après avoir effectué plusieurs tests, lance *Zeit Leo* et rejoint ainsi la *Süddeutsche Zeitung*, le *Spiegel* et le *Stern* avec leurs éditions pour enfants. Il s'agit ainsi d'« accrocher » le plus tôt possible de futurs lecteurs.

Il n'existe pas en Allemagne d'équivalent aux deux mastodontes français destinés aux seniors, *Pleine Vie* et *Notre Temps* (1,7 million d'exemplaires). On y trouve certes de nombreux magazines pour seniors, mais ils sont gratuits, régionaux, produits par de petits éditeurs et distribués entre autres dans les cabinets médicaux[5]. Alors que les seniors sont un groupe à fort pouvoir d'achat qui intéresse les annonceurs, aucun grand éditeur allemand ne s'est encore aventuré à lancer un magazine senior payant. Seuls quelques magazines féminins leaders sur le marché ont créé des déclinaisons pour les « femmes de plus de 40 ans » (*Brigitte Woman*, *Freundin Donna*). Les éditeurs allemands évoquent un problème de distribution : considérant que les lecteurs âgés ne se déplacent plus au kiosque, il faudrait aller les chercher là où ils se trouvent, d'où la diffusion gratuite en cabinet médical ou en pharmacie[6]. Cet argument est surprenant puisque les magazines senior français se vendent majoritairement sur abonnement (75 % pour *Notre Temps*). De plus, la part des seniors dans la population est légèrement plus élevée en Allemagne qu'en France. Il y a donc là un marché qui reste en grande partie ignoré par les grands éditeurs de magazines payants, à une exception : le groupe français Bayard, éditeur de *Notre Temps*, dont la filiale Bayard Deutschland tente de transposer la situation française en éditant plusieurs magazines visant les « 50 ans et plus », mais qui restent loin de la diffusion de leurs équivalents français.

UN CLIVAGE EST/OUEST (2)

Le clivage Est/Ouest dans les habitudes de lecture concerne également la presse magazine : « Vingt ans après la réunification continue à se dresser dans l'industrie de la presse un mur des habitudes. À l'Ouest, on ignore les titres de l'Est, et c'est exactement la même chose dans l'autre sens » (Dieckmann, 2005).

Les magazines des grands éditeurs (tous de l'Ouest) ont une diffusion et une audience bien moindres dans les nouveaux *Länder*.

---

5   La plupart d'entre eux ne sont pas comptabilisés par l'IVW et n'apparaissent pas dans les chiffres indiqués ici.

6   « Der Siegeszug der Rentner-Bravo », *Süddeutsche Zeitung*, 4/08/2011, http://www.sueddeutsche.de/medien/2.220/seniorenmagazine-der-siegeszug-der-rentner-bravo-1.1127996, page consultée le 5/08/2011.

Valérie Robert

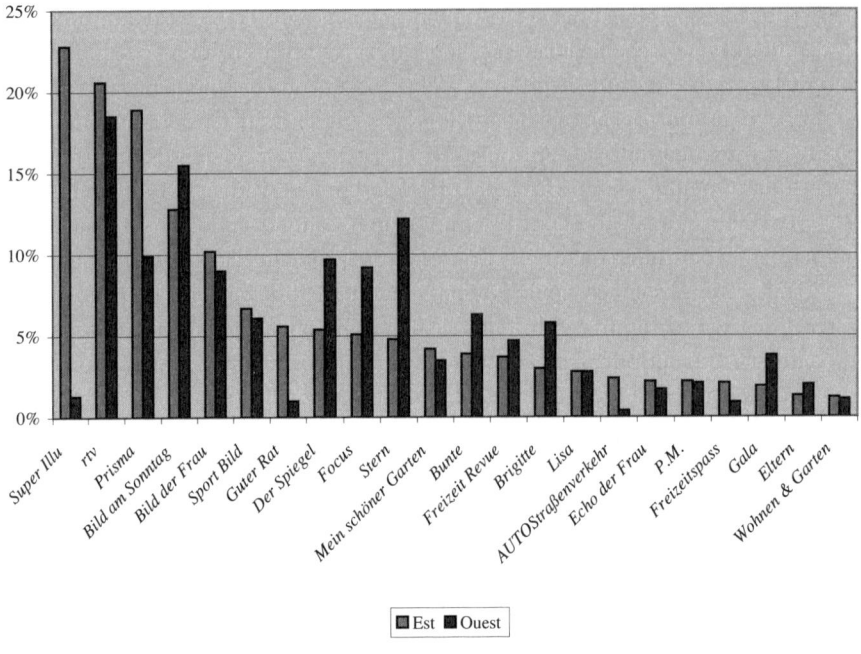

Audience Est/Ouest de quelques magazines allemands (2010)

Schéma 44
Source : Media Analyse, hors Berlin

On peut distinguer quatre types de magazines :

• les moins nombreux sont les magazines lus quasi exclusivement à l'Est : *Super Illu*, *Guter Rat* (un magazine de vie pratique rescapé de RDA et racheté par un éditeur de l'Ouest), *AUTOStraßenverkehr* (qui paraissait lui aussi en RDA) ;

• les magazines dont l'audience est plus élevée à l'Est : deux dérivés de *Bild*, ou encore *rtv* et *Prisma*, deux suppléments TV. *Prisma* (qui n'a rien à voir avec Prisma Presse en France) a créé une édition de l'Est dès la réunification ;

• les magazines pour lesquels le lectorat est équivalent à l'Est et à l'Ouest : *Lisa* (un féminin populaire créé en 1994), *P.M.* (l'ancêtre allemand de *Ça m'intéresse*) ;

• les magazines qui sont clairement des titres de l'Ouest, notamment les trois hebdomadaires d'information *Spiegel*, *Focus*, *Stern*, les *people Bunte* et *Gala*, le féminin *Brigitte*.

La différence est particulièrement marquée pour les magazines d'information politique et la presse *people*, alors que les magazines populaires et bon marché, en particulier les féminins de la *Regenbogenpresse* et les magazines de conseils pratiques, ont une audience beaucoup plus équilibrée. Les habitudes de lecture et d'achat sont liées à un passé et à une socialisation différents, mais aussi à une sociologie particu-

lière. Il manque aux *Länder* de l'Est « l'énorme classe moyenne des anciens *Länder* à laquelle s'adressent les médias [de l'Ouest] » (Dieckmann, 2005 : 5).

On constate une préférence, à l'Est, pour une presse bon marché et à forte composante pratique, évitant le débat et les polémiques politiques[7], ce qu'on peut interpréter comme la persistance d'un repli sur la sphère privée caractéristique de la RDA[8]. Les nouveaux titres ont davantage de chances de s'imposer à l'Est, car ils ne sont pas encore identifiés comme magazines « Wessi », de l'Ouest. *Freitag*, le seul hebdomadaire « Est-Ouest », comme le disait à l'origine son sous-titre, résultat de la fusion en 1990 de journaux de l'Est et de l'Ouest et que ses fondateurs ont vécu comme un laboratoire au quotidien de la réunification, a une diffusion confidentielle.

L'Est dispose de son hebdomadaire quasi officiel. *Super Illu*, créé en 1990 pour les lecteurs de l'Est par l'éditeur de l'Ouest Burda, dirigé par un Allemand de l'Ouest, ne coûte que 1,50 €. Avec une diffusion (en baisse) de 470 000 exemplaires, il atteint 1,3 % d'audience à l'Ouest et… 22,8 % à l'Est (hors Berlin dans les deux cas). Le magazine mise sur une proximité rassurante avec son lectorat et son vécu spécifique, par exemple en parlant des stars de l'Est ou avec beaucoup de conseils pratiques.

Le succès de *Super Illu* tient aussi au fait que le magazine tranche avec le ton fréquent dans les journaux de l'Ouest, qui parlent encore de l'Est comme de « drüben » (« là-bas, de l'autre côté »)[9] ou n'en soulignent que les aspects négatifs (chômage, exode, extrême-droite). S'ajoute à cela un style différent : ainsi, le *Spiegel* avec son ton un peu cynique semble susciter un certain rejet à l'Est (Dieckmann, 2005 : 5). On constate que

> les médias nationaux, ce sont encore et toujours des médias de l'Ouest. Les débats nationaux qu'ils déclenchent sont des débats de l'Ouest, avec parfois une voix de l'Est pour faire joli. L'espace public allemand est un espace public de l'Ouest. (*ibid.* : 5)

La création par *Die Zeit* d'une édition spéciale Saxe, avec des correspondants à Dresde, est une tentative de resserrer les liens avec des régions qui semblent faire partie d'un autre paysage médiatique.

---

7   Fuchs, Christian, « Was liest man im Osten? Report Zwickau », *Süddeutsche Zeitung*, 7/11/2010.

8   Müller, Martin U., « Die Mauer in den Medien », Spiegel Online, 4/10/2008, http://www.spiegel.de/kultur/gesellschaft/0,1518,581934,00.html, page consultée le 8/08/2011.

9   *Stern*, cité par Fuchs, « Was liest man im Osten? Report Zwickau », art. cit.

8

Les éditeurs face à la crise

La presse des deux pays connaît sa deuxième crise en dix ans, et il s'agit d'une crise mondiale, liée en grande partie à la conjoncture économique. Il n'est donc pas étonnant que les dernières années aient été marquées, tant en France qu'en Allemagne, par un discours de la crise de la part des éditeurs de presse, en particulier de quotidiens.

Une première réaction possible est de demander une intervention de l'État. Cette demande existe dans les deux pays, mais n'y est ni de même nature ni de même amplitude. Parallèlement à cela, les éditeurs français et allemands tentent à la fois de réduire les coûts et d'augmenter les recettes. Pour cela, les mesures peuvent être d'ordre technique et économique (modification de l'organisation) et/ou d'ordre rédactionnel (modification de l'offre : nouvelle formule, nouvelle pagination...), les deux aspects étant bien entendu inséparables. Le deuxième aspect est cependant beaucoup plus présent en France qu'en Allemagne, ce qui est la conséquence d'une interprétation différente de la « crise de la presse ».

En France, la crise est perçue comme principalement structurelle (coûts de production et de distribution jugés trop élevés ; investissements publicitaires structurellement trop bas ; baisse de l'audience de la presse payante) et partiellement conjoncturelle (chute générale des investissements publicitaires). Du point de vue des éditeurs de presse payante, pour récupérer un lectorat en forte baisse, il faut réviser l'offre, au moment où le succès des gratuits et d'Internet montre qu'il n'y a pas de crise de la demande d'information. Les journaux français tentent donc de s'adapter, tant dans leurs structures que dans leur contenu.

En Allemagne, la crise est vue surtout comme conjoncturelle, liée à la crise financière et à la chute des investissements publicitaires, et pas comme une « remise en cause par les lecteurs du travail des rédactions » (Hubé, 2008 : 67).

Les mesures d'économie sont cependant très similaires, et elles touchent principalement les personnels.

SUPPRESSIONS DE POSTES
ET CONVERGENCE DES RÉDACTIONS

En Allemagne, c'est désormais sur les rédactions que porte l'effort principal (Röper, 2010 : 218) : arrêt des embauches ou suppression de postes, externalisation de certaines tâches voire de toute la rédaction, salaires en deçà des tarifs fixés par les conventions collectives, recours accru aux pigistes, fermeture des rédactions indépendantes au profit de coopérations avec des titres voisins voire concurrents, réduction et/ou mutualisation du réseau de correspondants, ou encore réduction des abonnements au fil des agences de presse (comme le groupe WAZ qui a renoncé à son abonnement à la dpa en 2009).

Ces évolutions touchent de manière plus ou moins poussée tous les titres et groupes : la *FAZ*, la *Süddeutsche Zeitung* (150 suppressions de postes sur 1 100 en deux ans), la *Frankfurter Rundschau* (qui n'a plus de rédaction autonome pour les nouvelles suprarégionales), *Bild* (suppression d'éditions locales), le groupe Gruner + Jahr...

Le groupe WAZ (Westdeutsche Allgemeine Zeitung) a pour sa part totalement réorganisé son fonctionnement. Jusqu'ici, les différents quotidiens régionaux du groupe en Rhénanie du Nord-Westphalie avaient une rédaction propre. Le groupe a désormais mis en place une rédaction centrale (*content desk*) à Essen qui fournit des *newsdesks* locaux. Le groupe a également réduit le nombre de pages de ses quotidiens et supprimé près d'un tiers des emplois, ce qui a suscité de vives protestations, entre autres du SPD. Une réorganisation similaire a également eu lieu dans les quotidiens que le groupe possède dans les nouveaux *Länder*.

La mise en place de *newsrooms* ou de *content desks* est une tendance forte dans la presse régionale, favorisée par l'accord signé en 2010 entre le BDZV et les syndicats de journalistes (hors syndicat des pigistes), qui permet la réutilisation d'un même article, sur papier ou sur Internet, sans rémunération supplémentaire du journaliste, dès lors qu'il s'agit de la même entreprise ou d'une entreprise avec laquelle existe une coopération régulière, ce qui couvre les cas de coopération rédactionnelle entre quotidiens locaux n'appartenant pas au même groupe.

La mutualisation des rédactions s'exerce désormais par-delà les zones de diffusion des journaux, mettant en question leur ancrage régional. Le groupe Springer fait fabriquer par la même rédaction *Die Welt* (suprarégional) et la *Berliner Morgenpost* (régional à abonnement) et leurs sites Internet respectifs, une évolution qui devrait toucher aussi le *Hamburger Abendblatt*. Dans le groupe M. DuMont Schauberg, la *Berliner Zeitung*, la *Frankfurter Rundschau*, le *Kölner Stadt-Anzeiger* et la *Mitteldeutsche Zeitung* font partie d'une même *Redaktionsgemeinschaft* (communauté rédactionnelle) fournissant des articles à tous ces quotidiens régionaux – de régions différentes. La *Hamburger Morgenpost* et le *Berliner Kurier* n'ont plus qu'une seule rédaction politique commune. La *Süddeutsche Zeitung* a centralisé

ses rédactions locales. Le groupe Gruner + Jahr est allé plus loin puisqu'il a mis en place à Hambourg une rédaction centrale pour l'ensemble de ses publications économiques, quotidiennes, hebdomadaires et mensuelles, papier et Internet (*Financial Times Deutschland, Capital, Impulse, Börse Online*), ce qui lui a permis de supprimer 60 postes. À la concentration par regroupement d'entreprises s'ajoute donc une concentration interne.

Certes, la mutualisation est une pratique courante en Allemagne entre journaux locaux voisins, mais ces évolutions concernent des journaux qui, précisément, ne sont pas voisins et risquent ainsi de perdre leur identité, le caractère régional d'un journal ne tenant pas seulement au contenu mais aussi à un point de vue régional sur l'actualité, fût-elle nationale ou internationale. Pour l'éditeur Dirk Ippen, « le lecteur doit pouvoir s'identifier avec le journal. Cela présuppose que le rédacteur s'identifie avec la région. Et cela doit se sentir dans le texte »[1]. Des politiques de tendances diverses ont publié en 2011 un appel à maintenir l'indépendance de la *Frankfurter Rundschau*, même pour les pages traitant de l'actualité nationale et internationale.

Les groupes français pratiquent également la mutualisation. Le groupe La Voix du Nord a suivi l'exemple du groupe WAZ en décidant d'alimenter trois quotidiens jusqu'ici concurrents (dont un gratuit) par une même rédaction centrale, ce qui fait craindre une uniformisation de l'offre. Les quotidiens régionaux appartenant au Crédit Mutuel s'engagent également dans cette voie, mais de manière plus progressive (*Le Monde*, 8/10/2010).

En France, la presse quotidienne nationale est particulièrement touchée par des réductions de personnel, souvent associées à une offre rédactionnelle en évolution. *Le Figaro* a supprimé 71 postes en 2008 ; *Libération* a connu deux plans sociaux successifs qui ont réduit ses effectifs de 40 % ; en 2008, *Le Monde* a supprimé 130 postes.

D'autres journaux ont connu également des plans sociaux : *Les Échos, La Tribune, La Nouvelle République*, le groupe des Journaux du Midi, *Ouest France, Le Parisien / Aujourd'hui en France*. Le secteur de la presse magazine n'a pas été épargné : plans sociaux, gel des salaires dans la presse magazine d'information en 2009, externalisation de tâches, suppression de titres, etc. Dans la presse magazine allemande, les tendances sont les mêmes : réduction et mutualisation des rédactions, recours accru à la sous-traitance (Vogel, 2010 : 96). Les éditeurs français tentent également de réduire les coûts liés aux agences de presse : le groupe La Provence a fait en 2009 le choix de résilier son abonnement à l'AFP pour ne garder que le fil de Reuters. L'AFP a réagi en accordant des remises à différents groupes, et en lançant un nouveau fil d'information destiné particulièrement à la PQR, ce qui lui a permis de récupérer d'anciens clients, comme *Paris Normandie*.

---

1   Brauck, Markus, Hülsen, Isabell, « Die Qualitäts-Lüge. Die Zeitungsverlage verkaufen ihre Sparprogramm als Qualitätsoffensive », *Der Spiegel*, 7/12/2009.

RENOUVELLEMENT DES FORMULES
ET AUGMENTATION DU PRIX

Ces évolutions s'accompagnent dans les deux pays d'un discours similaire, qui déguise ces mesures d'économie en ambition journalistique. Les euphémismes ne manquent pas : « Ambition 2010 » pour le plan de départs volontaires au *Figaro*, « plan de développement » pour des suppressions de postes au *Parisien*. En Allemagne, le discours de la qualité est encore plus présent, au point qu'il suscite des accusations d'hypocrisie, les critiques (par exemple le directeur de *Die Zeit*, Giovanni di Lorenzo) soulignant qu'il semble matériellement difficile de faire un meilleur journal avec moins de journalistes.

Ce discours, qui vise à retenir les lecteurs, va de pair en France avec un renouvellement très fréquent des formules des quotidiens, une tendance bien moins présente en Allemagne. Certes, *Die Welt* et *Welt kompakt* ont changé de formule récemment (2009 et 2010), et la *FAZ* a en 2007 aéré un peu sa Une en y ajoutant une photo, ce qui lui a permis de dépoussiérer un peu son image auprès du public jeune, mais ces aménagements restent relativement marginaux.

En France, au contraire, comme l'a montré N. Hubé (2008), ces changements visent avant tout à se positionner dans une concurrence multiple : entre quotidiens nationaux ; entre quotidiens payants et quotidiens gratuits ; entre quotidiens et magazines et sites Internet. Les réponses des éditeurs français sont aussi d'ordre rédactionnel, avec une succession de nouvelles formules successives qui révèle une certaine déstabilisation. *Le Figaro* a changé de formule en 1999, 2005, 2009 ; *Le Parisien* en 2010, *Libération* en 2007 et 2009, *L'Humanité* en 2009, *La Croix* en 2009, *Le Journal du Dimanche* en 2011, *L'Équipe* a inauguré de nouvelles rubriques en 2010, *Le Monde* devrait voir son déroulé modifié en 2011. Par comparaison, les quotidiens allemands semblent avoir une identité beaucoup plus stable, moins sujette aux fluctuations.

Afin de toucher plus de lecteurs et d'attirer les annonceurs, une autre stratégie consiste à faire fabriquer d'autres produits par la même équipe journalistique, une manière de développer la marque et d'accroître les recettes à peu de frais. En France, les quotidiens développent des magazines qui fonctionnent comme des « pièges à publicité » voire brouillent les pistes entre rédactionnel et publirédactionnel[2] : *NEXT, M* (le magazine du *Monde*) ont suivi l'exemple du bien plus ancien *Figaro Magazine* et *Le Parisien* envisage de faire de même.

En Allemagne, les titres dérivés visent particulièrement les enfants et les adolescents. La *Süddeutsche Zeitung* a créé une version papier de son site jetzt.de ; la *FAZ* a testé en 2009 un hebdomadaire à destination du même public. Un certain nombre

---

2   Voir Klein, Gilles, « Le nouveau supplément du Monde aime les marques de luxe », *Arrêt sur Images*, 25/09/2011, http://www.arretsurimages.net/contenu.php?id=4335, page consultée le 28/09/2011.

de quotidiens régionaux ont en commun un supplément en format tabloïd destiné aux enfants. Le souci de recruter très tôt les lecteurs de demain est donc central dans les stratégies que développent les éditeurs allemands pour faire face à la baisse des ventes. En France, une telle stratégie commence tout juste à émerger : ainsi, l'éditeur Play Bac (spécialiste de la presse pour enfants, avec plusieurs formules de quotidiens) produit désormais des suppléments hebdomadaires pour enfants pour quelques titres de la PQR.

Les éditeurs des deux pays tentent également d'augmenter les recettes des ventes en jouant sur le levier du prix de vente. Les quotidiens nationaux français ont augmenté plusieurs fois leur prix au numéro entre 2006 et 2011, une augmentation totale de 16 % pour *Libération*, de 25 % pour *Le Monde*, de 30 % pour *Le Figaro*. L'augmentation est supérieure en Allemagne, où les éditeurs ont un lectorat plus fidèle et composé majoritairement d'abonnés : + 33 % pour la *Süddeutsche Zeitung*, + 20 % pour la *FAZ*, + 36 % pour *Die Welt*. Les prix à l'abonnement ont également augmenté, mais plus modérément, pour les quotidiens régionaux allemands : + 19% en moyenne entre 1999 et 2008 (Röper, 2010 : 218).

PLUS-PRODUITS

Le marketing et les techniques de recrutement d'abonnés sont traditionnellement plus développés en Allemagne. Cependant, la presse française a beaucoup évolué dans ce domaine, en commençant par la presse magazine, dans laquelle la pratique des ristournes et des cadeaux aux lecteurs est ancienne. La presse quotidienne a emboîté le pas, en particulier avec des plus-produits (produits dérivés).

On trouve en Allemagne, comme plus-produits accompagnant le journal pour quelques euros supplémentaires, des livres, des DVD, des CD, des cartes postales, des bandes dessinées[3]. Les produits correspondent en général aux spécificités et à l'image de marque du journal. Ainsi, les éditeurs suprarégionaux lancent des opérations « culturelles », qui capitalisent sur la réputation du journal (par exemple dans le choix des DVD, opéré par le service culturel du journal).

En Allemagne, les plus-produits sont devenus une industrie considérable : pour le groupe Springer, ils représentent entre 5 et 10 % du chiffre d'affaires du groupe. Le « Bild Shop » que l'on trouve sur le site Internet de *Bild*[4] propose des articles allant de la Bible (en 2004, la *Volksbibel* à 9,95 € a été un énorme succès) à des tasses, des préservatifs, des brosses à dents, des abonnements au téléphone mobile (*Bild* Mobil)

---

3   Voir par exemple le « shop » en ligne de la *Süddeutsche Zeitung*, championne de ce type d'opérations : http://sz-shop.sueddeutsche.de/mediathek/shop/home.jsp?DCMP=RtMh-Sdde, page consultée le 28/09/2011.

4   http://shop.bild.de/, page consultée le 28/09/2011.

ou au gaz (*Bild* Energie), en passant par une bibliothèque de bestsellers et des sous-vêtements sous la marque *Seite-1-Girl* (« la fille de la première page »). Tout cela est présenté sous le terme générique de *Volksprodukte*, qui rappelle le terme désignant les biens de consommation produits en masse sous le Troisième Reich, au premier rang desquels la Volkswagen. Toujours chez Springer, le *Hamburger Abendblatt* se transforme en éditeur de livres et propose à ses lecteurs de publier leurs œuvres – moyennant finances.

Les journaux français ne sont pas en reste, même s'ils n'ont que rarement développé sous leur marque de produits vendus hors presse : *Le Monde* et *Télérama* avec des CD et des DVD, une collection de guides d'Île de France pour *Le Parisien*, des BD pour *Libération*, des DVD, CD, livres, et encyclopédies pour *Le Figaro*, etc. *Le Figaro* et *L'Express* se sont même associés pour coéditer des livres. Les groupes Ouest-France et Sud-Ouest sont les leaders du marché en ce qui concerne l'édition de livres et de documents traitant du patrimoine et des cultures régionales.

Ces plus-produits sont parfois la seule motivation pour acheter un journal, et certains constatent une « tchiboisation »[5] de la presse, c'est-à-dire un abandon de son cœur de métier (du nom de la chaîne allemande Tchibo, à l'origine un magasin de café où les objets et gadgets domestiques les plus variés ont repoussé la vente de café à l'arrière-plan). Les éditeurs allemands voient cela de manière pragmatique : « Je préfère que quelqu'un s'achète un journal à cause de l'offre spéciale, plutôt qu'il ne s'achète pas de journal du tout », déclarait en 2004 le président du BDZV. On peut également critiquer un effacement des frontières et un mélange des fonctions rédactionnelles et marketing, par exemple lorsque le film vendu avec le journal est accompagné d'une présentation dithyrambique dans les pages culturelles de celui-ci, qui vise à encourager l'achat du DVD.

Les groupes de presse misent également sur la diversification pour compenser la baisse des recettes des journaux et magazines. En France comme en Allemagne, les groupes ont souvent investi dans les gratuits d'annonces. Ceux-ci ont peu souffert de la crise en Allemagne, où ils sont encore profitables (Röper, 2010 : 218). Au contraire, en France, les éditeurs quittent ce marché longtemps très rentable mais qui s'effondre désormais. Enfin, le développement d'activités en ligne (presse en ligne mais aussi sites d'annonces, etc.) relève de la même stratégie de diversification des activités et des recettes (voir *infra*).

---

5   Schütte, Wolfram, « Die Tchiboisierung der Süddeutschen Zeitung? », *Titel-Magazin*, 12/11/2006, http://www.titel-magazin.de/artikel/209/3481/die-tchiboisierung-der-süd-deutschen-zeitung.html, page consultée le 24/07/2011.

9

La presse en ligne

Toutes ces évolutions sont accompagnées, et parfois causées, par l'arrivée et l'installation d'une nouvelle technologie, Internet, dont les conséquences pour la presse sont considérables, en termes de possibilités techniques, d'audience, de contenu et enfin de modèle économique.

Dans le monde entier, les acteurs des médias tâtonnent et s'observent mutuellement. Dans le nouveau domaine qu'est Internet, chacun a démarré à zéro, et les différences s'estompent entre la France et l'Allemagne. Cependant, les acteurs des médias traditionnels arrivent sur ce nouveau terrain avec leur bagage spécifique, et les spécificités des paysages de presse respectifs impriment aussi leur marque.

Ce chapitre ne saurait constituer qu'un état des lieux à l'automne 2011, une synthèse nécessairement périssable qui tente de dégager de grandes tendances alors que les mutations sont rapides et loin d'être achevées.

STATUT DE LA PRESSE EN LIGNE

En France, « la communication au public par voie électronique est libre » (loi du 30 septembre 1986), et en Allemagne, le *Rundfunkstaatsvertrag* (traité d'État entre les *Länder* pour l'audiovisuel) précise également que les *Telemedien* n'ont « pas besoin de demander une autorisation ni de déclarer leur existence ».

Le cadre réglementaire français (loi du 12 juin 2009 et décret du 29 octobre 2009) fixe des critères, bien plus précis que pour la presse papier, pour qu'un site d'information soit reconnu comme un site de « presse en ligne » (et puisse bénéficier des aides de l'État) : édition à titre professionnel, renouvellement régulier et daté du contenu, qui doit être « original, composé d'informations présentant un lien avec l'actualité et ayant fait l'objet, au sein du service de presse en ligne, d'un traitement à caractère

journalistique, notamment dans la recherche, la vérification et la mise en forme de ces informations » et doit présenter un « caractère d'intérêt général quant à la diffusion de la pensée : instruction, éducation, information, récréation du public ».

Un point concerne spécifiquement les sites d'information politique et générale, définis par leur mission de contribution au débat public et de formation de l'opinion, et qui se voient imposer une condition qui doit les distinguer des blogs et autres sites amateurs : l'emploi « à titre régulier d'au moins un journaliste professionnel », c'est-à-dire disposant de la carte de presse.

Contrairement à la France, l'Allemagne ne dispose pas de cadre juridique concernant spécifiquement Internet, ce que beaucoup réclament. Une commission a été chargée par le Bundestag de faire au printemps 2012 des propositions en ce sens (Dörr et Schwartmann, 2010 : 18).

Pour le moment, les *Telemedien* (services d'information et de communication électroniques), considérés comme étant à la limite entre l'audiovisuel et la télécommunication, font l'objet d'une double régulation (*ibid.* : 25, 107) : par le *Rundfunkstaatsvertrag* et par le *Telemediengesetz des Bundes* (TMG). La « presse électronique » est considérée comme une sous-catégorie des *Telemedien* :

constituent une offre similaire à la presse [*ein presseähnliches Angebot*] non seulement les éditions électroniques des médias imprimés, mais toutes les offres conçues de manière journalistique et rédactionnelle qui correspondent à des journaux ou des magazines en ce qui concerne leur conception et leur contenu.

Les sites de « presse électronique » doivent

satisfaire aux principes journalistiques reconnus. Les informations doivent être vérifiées par l'éditeur du site avant leur diffusion, avec le soin nécessaire selon les circonstances, en particulier en ce qui concerne leur contenu, leur origine et leur véracité.

Les obligations de ces sites à ambition journalistique sont pour le reste les mêmes que pour la presse : désignation d'un responsable, obligation de droit de réponse (*Gegendarstellung*), distinction entre publicité et rédactionnel.

En Allemagne, la presse en ligne ne bénéficie d'aucune aide. Dans les deux pays, les sites d'information restent soumis au taux de TVA normal (19 % en Allemagne, 19,6 % en France), un taux que les éditeurs souhaiteraient voir aligné sur celui de la presse papier.

FRÉQUENTATION DES SITES

En France comme en Allemagne, les sites d'information à proprement parler (hors portails des fournisseurs d'accès[1]) les plus fréquentés sont ceux liés à un média traditionnel : sites de journaux, de radios et de chaînes de télévision. La marque connue joue un rôle important dans le choix du site, et Internet n'est pas déconnecté du monde des médias traditionnels, qui peuvent gagner d'un côté une audience qu'ils ont éventuellement perdue de l'autre.

Fréquentation des sites d'information en millions (mars 2011)

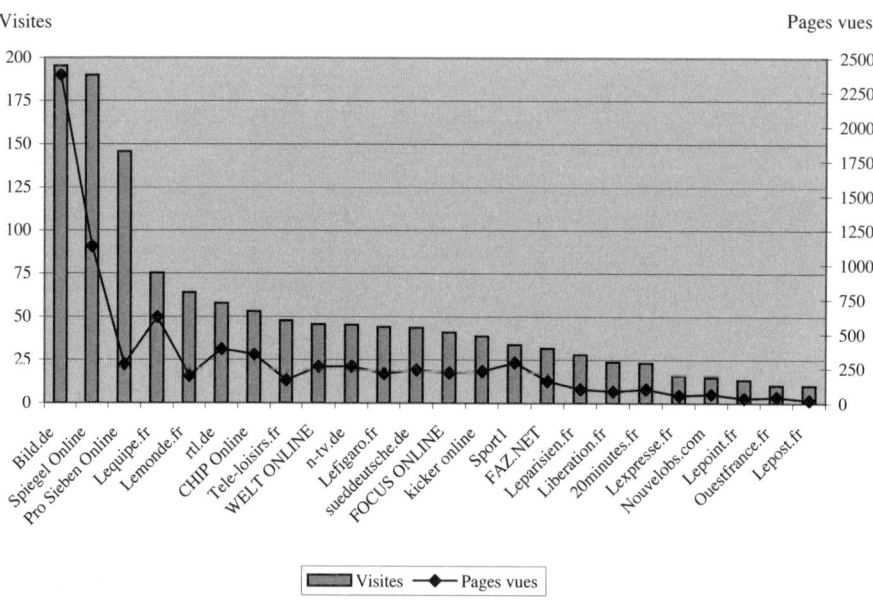

Schéma 45
Sources : OJD, IVW, hors sites de services et portails des fournisseurs d'accès
Ce tableau présente un classement croisé des 12 premiers sites français
et des 12 premiers sites allemands[2].

---

1   On notera toutefois que les portails de Yahoo, Orange (en France), et T-Online, Yahoo (en Allemagne) sont, dans les deux pays, les sites les plus fréquentés. Ils ne produisent pas eux-mêmes d'information mais « proposent dans leurs rubriques d'actualités des informations achetées à des tiers » (Rebillard, 2010).
2   En Allemagne, le premier site est en réalité Spiegel Online ; Bild.de n'occupe la première place que parce que les visites de sportbild.de sont également comptabilisées.

La fréquentation des sites est bien moins importante en France qu'en Allemagne : le premier site de presse en ligne français, celui de *L'Équipe*, compte près de trois fois moins de visites que Bild.de (ce qui est tout à fait cohérent avec les chiffres de diffusion des deux quotidiens papier), et deux fois moins que le site du *Spiegel* ou celui de la télévision privée Pro Sieben. Les vingt premiers sites d'information en Allemagne atteignent un nombre de visiteurs uniques 1,5 fois supérieur à celui des vingt premiers sites français. Quant au nombre de pages vues, il est près de quatre fois supérieur. En France, on constate une large domination des sites liés à la presse papier, et principalement à des quotidiens nationaux, surreprésentés par rapport à leur diffusion et leur audience papier.

Nombre de sites de quotidiens en 2009

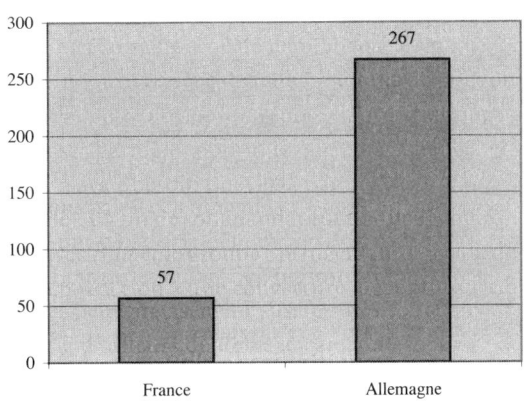

Schéma 46
Source : WAN-IFRA, 2010

Il y a cependant davantage de sites de quotidiens en Allemagne, ce qui s'explique par le plus grand nombre de quotidiens régionaux.

QUEL RAPPORT AVEC LA PRESSE PAPIER ?

Certains sites gardent une filiation évidente avec la presse papier ; ainsi, la nouvelle formule du site de la *FAZ*, lancée en octobre 2011, rappelle fortement celle du journal papier. Mais ce retour à un design classique et très reconnaissable s'accompagne d'une place plus grande accordée aux images, vidéos et diaporamas. Les sites de presse en ligne s'adaptent donc aux possibilités du nouveau média.

1. Modalités du participatif

Les sites participatifs, exploitant les possibilités du Web 2.0, se sont multipliés en France : leurs contenus sont produits à la fois par des journalistes et par des internautes (non rémunérés), les uns et les autres clairement identifiés comme tels, comme c'est le cas pour Rue89, Mediapart, Le Post (qui devrait être remplacé par la version française du site américain Huffington Post), Atlantico, BibliObs, Le Plus (deux dérivés du *Nouvel Observateur*). Ce sont surtout des sites nouveaux venus qui pratiquent ce mélange des contributeurs, alors que les titres reconnus conservent davantage leur caractère strictement journalistique. En France, les sites des journaux établis, comme *Le Monde*, *L'Express* ou *Le Point*, tentent de renforcer leur caractère participatif en publiant des blogs tenus par leurs journalistes, en leur nom propre : une manière économique de personnaliser le média, les journalistes n'étant en général pas payés, ou que de manière symbolique, pour ce travail supplémentaire[3]. Le site de la *FAZ* accompagne désormais chaque article d'une photo de l'auteur, accompagnée de liens vers ses autres articles et vers une biographie, un procédé jusque-là plutôt caractéristique des *pure players* français. Bild.de se signale en invitant ses lecteurs à se transformer en « lecteurs-reporters » en envoyant leurs meilleures images, qui seront le cas échéant publiées contre un petit honoraire.

2. Multimédia

Un autre aspect caractéristique est l'évolution de nombreux sites d'information vers le multimédia, mettant à profit toutes les possibilités techniques : images, sons, vidéos. On peut citer comme exemple le LibéLabo de liberation.fr, les matchs de football et les films sur bild.de. Sur d'autres sites, les vidéos ne sont pas produites en interne mais sont achetées ; ainsi, la télévision publique WDR a fourni pendant plusieurs années des vidéos pour le site Der Westen (le site des quotidiens du groupe WAZ).

Der Westen est d'ailleurs un des sites de quotidiens les plus innovants, mélangeant journal local et portail régional, avec une navigation fondée sur le point de vue du lecteur et sa localisation géographique. Il est également à la pointe en ce qui concerne un autre point fort de la presse en ligne, les informations pratiques, en particulier locales, qui rencontrent beaucoup de succès et augmentent le nombre de visites.

3. Information locale

L'information locale est également la vocation de sites nouveaux venus, des *pure players* (sites non adossés à un titre papier) qui misent sur leur différence par rap-

---

3   Cousin, Capucine, Dussueil, Jeanne, « Faut-il payer les blogueurs ? », Stratégies.fr, 14/04/2011, http://www.strategies.fr/actualites/medias/160581W/faut-il-payer-les-blogueurs.html, page consultée le 20/04/2011.

port à la presse régionale. Un site comme lokalnews.de tente ainsi de concurrencer le quotidien *Passauer Neue Presse*, en situation de monopole. L'Allemagne voit se multiplier les sites de ce type, dont la situation économique reste toutefois fragile (Röper, 2010 : 221). Certains ont d'ailleurs été rachetés par des groupes, comme le site de Karlsruhe ka-news, racheté en 2008 par une filiale de Holtzbrinck. Ces sites révèlent que le besoin d'information locale n'a pas disparu à l'heure de la mondialisation et du *world wide web*, bien au contraire, et que la presse régionale ne le satisfait pas toujours.

4. Les *pure players* français : de « nouveaux » médias

Multimédia, contribution des internautes, information pratique, information locale : à tous ces apports spécifiques des sites d'information en ligne s'ajoute en France une caractéristique souvent spécifique aux *pure players*, la revendication d'un journalisme plus irrévérencieux que celui pratiqué par la presse papier. En Allemagne, un *pure player* comme Netzeitung (site créé en 2000, d'abord indépendant, puis passé entre les mains de plusieurs propriétaires successifs, avant d'être transformé en 2009 par M. DuMont Schauberg en un portail automatisé) avait certes pour ambition d'être le premier quotidien entièrement sur Internet, mais pas de renouveler les pratiques journalistiques. On observe au contraire en France chez les *pure players* l'ambition d'être de « nouveaux » médias (le slogan d'Atlantico est « Un vent nouveau sur l'info »), dans tous les sens du terme, technique comme rédactionnel. La dimension critique par rapport à la presse traditionnelle est constitutive de ces sites, dont les fondateurs sont la plupart du temps des journalistes venus de la presse papier, tout particulièrement de la PQN.

Afin de se distinguer de la presse traditionnelle et de se faire connaître, ces sites pratiquent volontiers un journalisme d'investigation et/ou de scoop, mis en scène et affirmé comme tel. La transparence dans la manière de fonctionner fait aussi partie de leurs caractéristiques : sur Rue89, la rubrique « Making of » prend les lecteurs à témoin de l'évolution du site et leur demande leur avis, en particulier sur les questions de financement et de déontologie. Le métadiscours sur l'activité journalistique est très présent sur les sites indépendants. Mediapart se revendique d'un « projet autant démocratique que professionnel : défendre sur Internet une presse indépendante et un journalisme de référence »[4]. La quantité d'affaires « sorties » par Rue89 et surtout Mediapart (en particulier l'affaire Bettencourt) a pour conséquence un déplacement dans le champ médiatique, ou du moins dans sa représentation. Alors que la presse traditionnelle, même lorsqu'elle est active en ligne, tend à considérer Internet comme le « tout à l'égout de la démocratie » (Denis Olivennes, alors direc-

---

4   Plenel, Edwy, « Crise financière : Mediapart bientôt mis en examen pour avoir donné l'alerte », Mediapart, 7/10/2008, http://www.mediapart.fr/journal/france/071008/crise-mediapart-mis-en-examen-pour-avoir-donne-l-alerte, page consultée le 02/11/2011.

teur du *Nouvel Observateur*), les sites *pure players* se décrivent au contraire comme le seul espace de liberté et d'éthique journalistique face à une presse de connivence et de révérence.

L'Allemagne ne connaît ni un tel clivage entre la presse écrite et les nouveaux acteurs que sont les sites d'information indépendants, ni une telle concurrence pour la domination dans le champ journalistique. Celle-ci continue à s'exercer entre médias traditionnels, dont l'audience ne se recoupe que partiellement. Si la discussion a lieu en Allemagne, c'est plutôt au sujet des rôles et compétences respectifs des blogs et des sites de journaux (Neuberger *et al.*, 2009 :186), et on ne constate pas cette polarisation fondée sur une critique violente des médias traditionnels.

LES RÉDACTIONS

Les rédactions des sites de presse en ligne diffèrent selon que l'on a affaire à des sites dérivés de titres papier ou à des sites *pure players*. Dans le premier cas, les sites bénéficient d'une infrastructure plus développée. Avec le développement très rapide de l'audience des sites et, en parallèle, la baisse de la diffusion des journaux, la question se pose de la répartition ou plutôt de la mutualisation des forces et des dépenses.

1. Crossmedia et convergence des rédactions

La tendance est actuellement en France au rapprochement, voire à la fusion des rédactions papier et *online* : le processus est achevé pour *Le Figaro*, il est en cours pour *Les Échos*, *Le Nouvel Observateur*, *La Croix* et il est engagé au *Monde*. Dans le groupe L'Express-Roularta, on prévoit une convergence entre les deux supports, avec un plan de formation à Internet pour les personnels. *Le Parisien* envisage de remplacer une partie des secrétaires de rédaction et journalistes par des personnels spécialisés dans le web et la vidéo. En Allemagne, le quotidien régional *Rheinische Post* a dès 2006 fusionné ses rédactions papier et *online*, tout comme la *Frankfurter Rundschau* avant le transfert d'une partie de sa rédaction à Berlin. Cette évolution ne se fait pas sans heurts, tant la culture journalistique est différente entre des rédactions *online* souvent largement composées de journalistes jeunes, polyvalents et précaires, et les grosses rédactions papier, qui considèrent souvent le travail des journalistes *online* comme du « journalisme *low cost* » (Charon et Le Floch, 2011 : 53).

L'étape suivante, celle de *newsrooms* intégrées alimentant à la fois les différents titres et les différents canaux d'un groupe, est en cours en France avec la fusion annoncée des rédactions papier et Internet des quotidiens *La Voix du Nord*, *Nord Éclair* et *Direct Lille*. En Allemagne, ce type d'organisation existe depuis 2006 au sein du groupe Springer, où la même rédaction produit *Die Welt*, la *Berliner Morgenpost* et leurs sites. Ce modèle a depuis inspiré beaucoup d'autres éditeurs : ainsi, la réorgani-

sation des quotidiens du groupe WAZ en un *content desk* commun inclut aussi le site Internet Der Westen.

La question du *crossmedia*, du *multi-channel-publishing* et de la convergence des rédactions se pose partout dans le monde : selon une enquête MacKinsey de 2010, 44 % des rédactions de quotidiens dans le monde sont déjà des plates-formes multimédias, un chiffre qui atteint 81 % aux États-Unis (*Les Échos*, 8/10/2010). Cette évolution qui permet de supprimer des postes est très contestée. Certains s'inquiètent de ses conséquences pour la qualité des journaux et des sites Internet[5]. Même sur le plan économique, il se pourrait que le pari soit risqué à long terme. Lorsque des journalistes produisent pour plusieurs supports à la fois, le risque est grand que ceux-ci voient leur identité se diluer et par conséquent leur lectorat diminuer.

Le point de vue des éditeurs est bien sûr différent : selon eux, il s'agit de garantir le maintien d'une presse de qualité en transformant leur maison d'édition en entreprise non plus de presse mais « de contenu » (M. Döpfner cité par *Le Figaro*, 12/05/2011), en « entreprise de commerce d'information » (interview de Christian DuMont Schütte, *Frankfurter Allgemeine Sonntagszeitung*, 27/08/2007).

2. Droits d'exploitation des contenus

C'est dans cette perspective que les éditeurs de presse (papier et en ligne) ont réussi à imposer un cadre qui va dans le sens de la convergence des rédactions et de l'utilisation sur divers supports des mêmes articles. Cette question a été tranchée en France dans le cadre d'une loi, alors qu'elle a fait en Allemagne l'objet d'un accord de branche.

En France, la loi du 12 juin 2009 a étendu les droits d'exploitation par les éditeurs des œuvres des journalistes, sans rémunération supplémentaire, à l'ensemble des déclinaisons du titre pour lequel un article a été produit, quel qu'en soit le support, à tout service en ligne édité par l'entreprise de presse ou par le groupe auquel elle appartient, et enfin à d'autres titres de l'entreprise ou du groupe, à la condition que ces titres « appartiennent à une même famille cohérente de titres » et que cette diffusion soit prévue par un accord d'entreprise. Un article produit pour un quotidien peut donc être réutilisé pour un ou plusieurs sites Internet, un ou plusieurs magazines, etc.

En Allemagne, un accord entre le BDZV et les syndicats de journalistes permet la réutilisation à l'infini d'un même article, sur papier ou sur Internet, sans rémunération supplémentaire du journaliste, dès lors qu'il s'agit de la même entreprise ou d'une entreprise avec laquelle existe une coopération régulière.

Les éditeurs allemands (réunis dans le BDZV et le VDZ) réclament également une modification de la loi sur le droit d'auteur, afin d'obtenir qu'on y ajoute pour eux un *Leistungsschutzrecht*, c'est-à-dire une protection des droits voisins. Il s'agit de droits

---

5   Neininger-Schwarz, Norbert, « Der Journalist am Fliessband », *Neue Zürcher Zeitung*, 5/01/2010.

attribués à ceux qui ne créent pas eux-mêmes une œuvre mais rendent possible le cadre dans lequel a lieu la création, comme c'est le cas pour les producteurs de disques. Les éditeurs souhaitent toucher des droits en cas d'utilisation par d'autres (moteurs de recherche, blogs) d'articles parus dans un média leur appartenant. Ils pourraient ainsi accorder le droit d'utiliser ces articles contre le paiement d'une licence. Les éditeurs allemands présentent cette demande comme une manière de lutter contre l'utilisation gratuite de ces contenus à des fins commerciales, par exemple par Google. On remarquera qu'il n'est plus question du journaliste auteur du texte, qui a disparu du circuit : ce ne sont pas ses droits qu'il s'agit de protéger, mais bien ceux de l'éditeur.

Les éditeurs font pression en présentant ces droits voisins comme naturels vu les dépenses engagées pour produire une presse de qualité – sous-entendant que dans le cas où ces droits ne seraient pas accordés, ils pourraient réduire leurs investissements. Ce projet suscite une vive contestation, et ses opposants considèrent que seuls 5 % des contenus d'Internet viennent des médias traditionnels et qu'il serait donc absurde de légiférer pour cette minorité, à laquelle ils reprochent de faire appel à l'intervention de l'État parce qu'elle n'est pas capable d'adapter son modèle économique à une situation et un média nouveaux.

MODÈLE ÉCONOMIQUE

Le modèle économique traditionnel de la presse est en effet remis en question par Internet et les nouvelles habitudes de lecture.

1. Augmentation de l'audience globale et financement

La diffusion de la presse est en baisse continue, de même que sa part des dépenses publicitaires. Parallèlement, l'audience d'Internet est en hausse continue, de même que sa part des dépenses publicitaires. Il ne s'agit pourtant pas de vases communicants : les recettes publicitaires sur Internet n'augmentent pas assez vite pour pouvoir compenser la baisse des recettes publicitaires de la presse (schémas 9 et 10, p. 41).

Les lecteurs de la presse en ligne ne sont pas seulement les lecteurs de la presse papier qui auraient simplement changé de média. Ce sont aussi en grande partie de « nouveaux » lecteurs, en particulier le public plus jeune qui ne lisait pas le journal papier et chez lequel on trouve le plus fort pourcentage de lecteurs de la presse en ligne. La présence sur Internet est donc pour les éditeurs l'occasion d'augmenter leur audience globale et l'ensemble de leurs recettes publicitaires.

En ce qui concerne les effets d'Internet sur la lecture des journaux et l'évolution de la lecture des journaux en ligne, différentes études arrivent à des conclusions divergentes. Certains journaux gagnent des lecteurs sur les deux supports, d'autres en perdent sur les deux : on peut juste constater qu'il « n'y a pas de corrélation claire

entre une augmentation des visites sur Internet et une baisse dans la diffusion d'un journal »[6]. Selon le BDZV, dans l'ensemble, si l'on additionne les versions papier et les versions en ligne, les quotidiens allemands ont un lectorat plus élevé que jamais. En France, depuis que l'OJD intègre les versions numériques dans la mesure de la diffusion des quotidiens, celle-ci est en augmentation. Même chose pour l'audience : selon l'enquête EPIQ, en 2010, les suppléments, les magazines et Internet représentent un apport global d'audience de 10,2 % pour l'ensemble de la presse quotidienne nationale. Le papier et le web semblent donc être complémentaires. Il n'est certes pas exclu qu'ait lieu une certaine « cannibalisation », c'est-à-dire que le site d'un journal prenne des lecteurs à la version papier, mais le point de vue généralement partagé est celui exprimé assez crûment par Mathias Döpfner, patron de Springer : « Le changement est structurel : il vaut donc mieux que nous nous cannibalisions nous-mêmes [plutôt] que nous le soyons par d'autres » (*Le Figaro*, 12/05/2011).

Cependant, l'augmentation de l'audience ne se traduit pas automatiquement par une augmentation des recettes publicitaires. Le nombre de sites (qu'ils soient d'information ou non) augmente très rapidement, et avec eux le nombre de supports publicitaires. Cette situation de forte concurrence rend difficile d'imposer des tarifs publicitaires identiques à ceux pratiqués par la presse écrite, et les éditeurs acceptent sur Internet des tarifs bien inférieurs. Pour le moment, la publicité ne suffit pas à financer les sites d'information et le modèle d'une consultation gratuite pour les lecteurs de pages financées par la publicité semble ne pas fonctionner. Sans pouvoir répondre à la question d'une éventuelle disparition de la presse, on peut constater que sur le plan économique, la presse traditionnelle se trouve dans une grande incertitude quant à l'avenir, « comme un trapéziste qui aurait lâché un premier trapèze mais n'aurait pas encore attrapé le second »[7]. Le nouveau média ne tue pas nécessairement l'ancien et il subsiste un lien organique entre presse papier et presse en ligne. Les cas de transfert complet d'un titre papier vers Internet sont encore rares. En France, le journal financier l'*Agefi* s'est dématérialisé en renonçant à une parution papier quotidienne, remplacée par un hebdomadaire imprimé. *La Tribune* a choisi, pour économiser sur les coûts de fabrication et de diffusion, de suspendre sa parution papier pendant l'été 2011, se limitant à son édition en ligne. *France Soir* envisage pour sa part de passer dans son intégralité sur le web, ce qui serait une première pour un quotidien français. En Allemagne, le magazine *Yam* (Springer), après quelques années d'existence papier, ne vit plus que sur Internet. Mais inversement, des *pure players* comme Bakchich et Rue89 ont créé des déclinaisons papier qui visent à augmenter les recettes du site par la publicité et par les ventes. D'autres développent une complémentarité web-papier entre titres différents : ainsi, l'hebdomadaire *Politis* doit publier des enquêtes en partenariat avec Mediapart.

---

6   Preston, Peter, « We thought the Internet was killing print. But it isn't », *The Observer*, 17/10/2010.

7   Selon l'image très parlante utilisée par Laurent Mauriac de Rue89 dans un débat en 2009.

2. Faire payer le lecteur

Parmi les réactions possibles à la crise du modèle économique traditionnel, la plus fréquemment évoquée est celle qui consiste à faire payer les lecteurs, comme le fait la presse papier (à l'exception des gratuits). Reste à savoir si les lecteurs, eux, sont prêts à payer. Dans la plupart des sondages réalisés sur cette question, la réponse est bien évidemment majoritairement non, que ce soit en France ou en Allemagne. La gratuité des contenus sur Internet semble aller de soi, en particulier pour des tranches d'âge qui, en plus d'être des *digital natives*, ont également l'expérience d'un environnement gratuit en apparence : quotidiens gratuits, télévision et radio gratuites.

Certains sites – ils sont en minorité – misent sur la bonne volonté des lecteurs, leur suggérant de faire un don. C'est le cas de la *tageszeitung*, qui a mis en place avec le slogan « taz zahl ich » (« ça, je le paie ») un système de dons assez simple. Le quotidien a également développé le concept du « Freizahler » (« celui qui paie sans y être contraint ») pour inciter les lecteurs à souscrire une sorte d'abonnement volontaire en mettant en place un paiement régulier du montant de leur choix. En France, Rue89 propose à ses lecteurs d'acheter une « brique » ou une « plaque » afin de montrer leur soutien. Le site a également conçu une plate-forme de dons (jaimelinfo.fr) qui permet de donner de l'argent au(x) site(s) de son choix.

Cet appel à la générosité des lecteurs est pourtant peu pratiqué, et il relève de sites atypiques. La tendance générale est plutôt de mettre les lecteurs à contribution, qu'ils le veuillent ou non. Les éditeurs tant allemands que français observent avec attention ce qui se fait ailleurs, et en particulier deux grands quotidiens qui se sont lancés dans des modèles distincts : le tout payant (péage intégral ou encore *paywall*) pour le *Times* du groupe Murdoch, et le paiement à partir d'un seuil d'articles consultés quotidiennement pour le *New York Times*.

Les solutions choisies en France et en Allemagne se situent entre ces deux modèles, et relèvent le plus souvent du *freemium*, un mélange de payant et de gratuit sur le même site.

Les éditeurs français ont l'expérience du payant : à l'époque du Minitel (une étape que l'Allemagne n'a pas connue), un « kiosque » payant permettait de consulter certains titres de presse. Le lecteur payait son temps de connexion avec sa facture de téléphone. Il est possible que cette expérience ait rendu le passage au payant plus facile en France. Le modèle *freemium* est appliqué sur le site du *Monde* (où ne sont gratuits que les articles produits spécifiquement pour le site) ou sur le site de *Libération* (où les articles parus dans le quotidien ne sont accessibles gratuitement que le lendemain). L'abonnement au site de *Libération* (hors accès iPhone et iPad) coûte trois fois moins cher que pour la version papier ; l'ordre de grandeur est identique pour le site du *Figaro*, où l'abonnement donne accès à la version PDF du quotidien, ainsi qu'à des dossiers de la rédaction et des lettres d'information. *Les Échos* pratiquent également le *freemium*. L'incitation à s'abonner est variable : sur le site du *Monde*, on peut très bien ne pas se rendre compte qu'il existe une zone abonnés, alors que pour *Libération* ou *Les Échos*, les titres des articles payants apparaissent parmi les autres, provoquant

une certaine frustration. Certains *pure players* misent exclusivement sur l'abonne-ment : Mediapart et Arrêts sur Images. Le premier avait environ 56 000 abonnés fin 2011, un chiffre boosté par l'affaire Bettencourt.

En Allemagne, le groupe Springer est le pionnier d'une politique de *paid content* (en allemand dans le texte) testée dans le domaine de l'information régionale : depuis fin 2009, sur les sites du *Hamburger Abendblatt* et de la *Berliner Morgenpost*, un modèle *freemium* rend payantes les informations régionales, c'est-à-dire celles qui intéressent le plus les lecteurs. Ces articles sont annoncés sur la page d'accueil, assortis du logo indiquant qu'ils sont payants. Le *Financial Times Deutschland* a pour sa part une zone *premium* (payante) dont le sommaire est affiché sur la page d'accueil. La *FAZ* ne fait payer que ses archives et quelques rares articles de l'édition papier. Aucun quotidien suprarégional généraliste n'a donc réellement sauté le pas du *freemium*, alors même que la discussion sur le payant est menée de manière bien plus audible en Allemagne qu'en France.

Ces modèles sont-ils rentables ? *Libération* déclare réaliser 3,1 % de sa diffusion payante sur Internet (*Libération*, 20/04/2011), et en juin 2011, le nombre de pages vues avait augmenté de 16 % par rapport à l'année précédente. Le nombre de pages vues est également en hausse au *Monde*, mais seulement d'un peu plus de 5 %. Pour *Le Figaro*, l'augmentation est de près de 27 %. Pour le *Hamburger Abendblatt*, les pages vues sont en augmentation de 10 %, et de près de 16 % pour la *Berliner Morgenpost*. Les sites ne perdent donc pas de lecteurs, mais il est possible qu'ils en gagnent moins que s'ils étaient restés entièrement gratuits.

3. L'Internet mobile comme planche de salut

Les éditeurs français et allemands misent davantage sur le payant en ce qui concerne la lecture sur support mobile, essentiellement iPhone et iPad. Dans ce domaine, l'Allemagne et la France sont très proches, et la plupart des titres (quotidiens et maga-zines) ont une ou plusieurs applications, avec différents modèles : application gratuite et journal payant ; application payante ; application de base gratuite et application « Gold » payante et sans publicité (*Süddeutsche Zeitung*). Le paiement par l'Apple Store est beaucoup plus simple qu'il ne le serait sur le site Internet.

En juillet 2011, le BDZV comptabilise pour les quotidiens allemands 40 appli-cations iPad et plus de 60 pour les *smartphones*, dont la majorité sont payantes. Ces applications commencent à bénéficier de mesures d'audience spécifiques tant en France qu'en Allemagne, visant à fournir aux annonceurs des données chiffrées fiables.

Des journaux en ligne ont été créés exclusivement pour iPad : en France, *RMC Sport*, quotidien sportif gratuit consultable uniquement sur tablette (*L'Équipe* réfléchit à un projet concurrent pour 2012) ; aux États-Unis, *The Daily*, le premier quotidien généraliste conçu exclusivement pour tablette, lancé en février 2011 par Murdoch. Le destin de ce titre de 100 pages, vendu 0,10 € par jour (*Libération*,

4/02/2011) est suivi avec beaucoup d'attention dans le monde de la presse : s'il trouve suffisamment de clients, il pourrait préfigurer la presse du futur, à la fois dans son contenu et dans son modèle économique.

C'est donc par le biais de l'Internet mobile que se met massivement en place dans la presse en ligne la vente de contenus aux lecteurs. C'est sur ce support que Springer s'est lancé dans le tout-payant pour son titre phare, *Bild*. Fin 2009, l'application iPad de *Bild* a été lancée au prix de 0,79 € le numéro (donc plus cher que le numéro papier), avec une spécificité : l'accès au site bild.de (qui reste gratuit pour une navigation par ordinateur) est bloqué pour un accès par iPad. Pour lire *Bild* sur iPad, il faut donc obligatoirement payer. Cette mesure a suscité beaucoup d'attention de la part des éditeurs dans le monde entier, vu la diffusion de *Bild* et la force de frappe de Springer. Quelques mois plus tard, l'éditeur a baissé les prix de l'abonnement sur iPad – mais sans revenir en arrière sur le blocage de l'accès au site Internet normal. En septembre 2011, un cinquième des visites enregistrées sur le site de *Bild* se faisait déjà par une connexion mobile (*Werben & Verkaufen*, 14/09/2011).

4. Concurrence d'autres acteurs de l'information

C'est cette ruée vers les supports mobiles, vus comme l'avenir de la presse payante, qui a déclenché en Allemagne une vive polémique entre les éditeurs de quotidiens et l'audiovisuel public allemand. La pomme de discorde : l'application pour iPhone et iPad de la chaîne de télévision publique ARD pour son émission *Tagesschau* (le journal télévisé, une institution en Allemagne).

Pour les éditeurs, ce type d'application gratuite financée par la redevance est une concurrence déloyale pour leurs applications payantes, et ce d'autant plus que l'application de la *Tagesschau* connaît un grand succès auprès du public. Huit éditeurs ont porté plainte en juin 2011 contre ce qui est pour eux un produit assimilable à de la presse, un « assassin du modèle économique numérique de la presse », un « produit de presse financé par l'État », ce qui serait bien sûr illégal. M. Döpfner (Springer) considère que cette application signe rien moins que la fin de la presse de qualité et donc du pluralisme des médias en Allemagne (*Süddeutsche Zeitung*, 25/06/2011). Elle mènera selon lui à la faillite de nombreux journaux, et donc à la mise en place de subventions publiques pour aider les journaux, « distribuées et contrôlées par des commissions composées selon des critères politiques. Et alors on l'aura, la presse d'État ». Les éditeurs jouent donc d'une représentation cauchemardesque d'une intervention de l'État pour justifier le fait qu'ils demandent une autre intervention publique, celle de la justice, pour réguler un marché pour lequel ils demandent le reste du temps une totale liberté. En réalité, le *Rundfunkstaatsvertrag* n'interdit aux institutions de l'audiovisuel public que des « sites assimilables à de la presse non liés aux émissions ». Les journaux des éditeurs qui ont porté plainte sont mis au service de cette lutte, et l'information au sujet du conflit est loin d'être neutre.

Un conflit du même genre entre éditeurs de presse et audiovisuel public a déjà eu lieu en Belgique et en Finlande[8]. Vu les subventions dont bénéficie la presse française, il est peu probable qu'il se produise en France. Mais le projet de l'AFP de mettre en ligne certains de ses contenus sur un site Internet ou une application, éventuellement gratuits, a lui aussi suscité l'opposition des éditeurs de la PQN, dont le lobbying a conduit à intégrer dans une proposition de loi visant à modifier le statut de l'AFP l'interdiction pour celle-ci d'entrer en concurrence avec la presse quotidienne.

5. Position dominante d'Apple

Les *smartphones* et tablettes ne présentent pas seulement l'avantage de pouvoir faire payer la consultation beaucoup plus facilement : ils représentent de plus une porte d'accès à un lectorat jeune, chez qui ces supports mobiles pourraient bien remplacer l'accès à Internet sur ordinateur (en 2009, c'était déjà le cas au Japon pour les 16-25 ans, *Le Monde*, 8/12/2009). La médaille a cependant un revers ; le leader du marché, Apple, impose des conditions de plus en plus contestées par les éditeurs : une commission de 30 % et l'obligation de passer par sa plate-forme iTunes. Dans un nouveau modèle proposé aux éditeurs en février 2011, Apple les autorise à vendre des abonnements aux applications directement, mais l'application elle-même ne pourra contenir de lien vers des sites de vente autres que le App-Store d'Apple. Cela dissuaderait les lecteurs de souscrire des abonnements bimédia, tablette et papier, disponibles uniquement par le site du journal. Apple a également fixé des tarifs par paliers, qui empêchent les éditeurs d'ajuster eux-mêmes le tarif de leur application en fonction du prix de la version papier.

Les éditeurs du monde entier sont concernés de la même manière par ces exigences d'Apple, qui reste leader sur le marché des applications, même si Android, produit par Google, voit sa part augmenter très rapidement. L'Association européenne des éditeurs de journaux a demandé à Apple de renoncer à imposer ces conditions. En Allemagne, Mathias Döpfner, le chef de Springer, jamais avare de formules à l'emporte-pièce, a accusé Apple de pratiquer un « marketing de RDA » – ou comment un ardent défenseur de la liberté du marché peut soudain, lorsqu'il en est victime, percevoir un monopole comme totalitaire (*Werben & Verkaufen*, 23/06/2011). En France, le SPQN et le SPQR ont protesté. En Belgique, l'autorité de la concurrence a été saisie de la question.

C'est aussi dans l'espoir de contourner Apple (et Google) que les éditeurs du monde entier développent leurs propres kiosques numériques : en France, l'application « Presse régionale » rassemble les titres regroupés dans le SPQR, et le kiosque ePresse, prélancé en juin 2011, regroupe plusieurs titres nationaux. Relay.com, édité

---

8   Gaucher, Erwann, « Faut-il interdire aux médias publics d'être efficaces sur le web ? », CMC, 27/06/2011, http://www.erwanngaucher.com/27062011Faut-il-interdire-aux-medias-publics-d39etre-efficaces-sur-le-web-,1.media?a=172 , page consultée le 10/08/2011.

par Lagardère, propose des magazines téléchargeables. En Allemagne, plusieurs éditeurs testent le système One Pass de Google, qui leur permet de vendre directement des abonnements et des contenus de leur site Internet, et éventuellement des applications. Il existe en Allemagne d'autres plates-formes pour journaux ou magazines numériques, comme Pageplace de Deutsche Telekom, Pubbles de Bertelsmann, ou encore le iKiosk de Springer, que celui-ci compte ouvrir à des titres d'autres groupes, une manière de se positionner comme concurrent d'Apple.

6. Un infomédiaire incontournable

Autre problème commun aux éditeurs du monde entier : les pratiques du moteur de recherche Google, qui fait partie des « infomédiaires », ces « intermédiaires de l'information en ligne » qui occupent « une place décisive dans la relation entre éditeurs/producteurs de contenus et internautes » (Rebillard, 2010). Lorsqu'un article d'un site d'information est référencé sur Google Actualités, son titre et un court extrait sont affichés à côté de micropublicités dont le seul bénéficiaire est Google. Les éditeurs considèrent donc que Google s'enrichit sur leur dos, mais ils en sont dépendants : en Allemagne, on estime que ce sont entre 30 et 50 % des visiteurs qui arrivent par ce biais sur les sites des médias (*FAZ*, 10/11/2009). En France, pour 12 sites d'actualité, c'est le cas de 41,1 % des visiteurs (*Les Échos*, 22/04/2010). Les éditeurs allemands de quotidiens et de magazines ont lancé contre Google une procédure pour pratiques anticoncurrentielles auprès de la Commission européenne et du *Bundeskartellamt*.

7. Un « retour à la normalité » ?

Les éditeurs voient dans la presse numérique leur planche de salut. À partir de 2009, les prises de position se sont multipliées pour expliquer que l'information gratuite sur Internet avait été une erreur. Le porte-parole le plus bruyant de ce discours a été en Allemagne Mathias Döpfner[9], qui voyait en 2010 se terminer enfin le règne des « communistes du web » que constituait la « culture du gratuit ». Étienne Mougeotte, directeur du *Figaro*, a tenu des propos assez similaires : « On a l'espoir que la tablette va réhabituer les gens à payer. Ils se sont habitués à avoir tout gratuit et quand ce n'est pas gratuit, on le vole – on le télécharge ». Les deux éditeurs oubliaient de signaler que la gratuité des contenus ne découlait pas d'une quelconque pression exercée par un lectorat fondamentalement malhonnête. Elle était le résultat d'un calcul de leur part : celui que les recettes publicitaires suffiraient à faire vivre les sites Internet. Ce qui est somme toute la situation normale des télévisions privées, que personne ne s'avise de taxer de communisme, ni leurs spectateurs de vol. Si ce modèle

---

9   S'il est cité ici à plusieurs reprises, c'est parce que le poids de Springer donne de l'importance à ses propos, mais aussi parce qu'il a l'art de la formule choc (la moindre des choses pour l'éditeur de *Bild*).

économique a été remis en question pour la presse en ligne, c'est uniquement parce que le calcul de départ s'est avéré erroné.

Interprétant ce changement de modèle comme un « retour à la normalité », Döpfner insistait sur le fait qu'il s'agissait aussi d'une « renaissance du journalisme », d'un retour à un journalisme de qualité qui coûte de l'argent. Au vu des évolutions dans les rédactions des deux pays (réductions de personnels, fusion des rédactions), on peut se demander s'il ne serait pas plus adapté de parler d'une renaissance... des entrepreneurs de presse. Comme l'écrit Stefan Niggemeier :

> La presse est certes placée sous la protection particulière de l'État, parce que des médias libres et qui fonctionnent sont un élément fondamental de notre démocratie. Mais cela ne signifie pas que tout ce qui est bon pour les éditeurs est bon pour le bien commun. (*FAZ*, 18/09/2011)

STRATÉGIES DE DIVERSIFICATION

Les éditeurs du monde entier voient le pourcentage de leurs recettes tirées du numérique augmenter (ce qui n'est pas nécessairement synonyme d'une augmentation globale des recettes !) [10]. En France, le groupe Le Figaro réalisait en 2009 20 % de son chiffre d'affaires dans le numérique, et il vise 50 % d'ici 2013-2014. Cette part atteignait 15 % pour *L'Équipe*, qui vise 20 % en 2012. Le groupe Sud Ouest espère d'ici 2016 réaliser la moitié de son chiffre d'affaires dans le numérique et d'autres activités. En Allemagne, le groupe Springer annonce vouloir faire 50 % de son chiffre d'affaires dans le numérique à l'horizon 2020, et il a atteint 24,6 % en 2010. Les activités numériques représentaient 35 % du chiffre d'affaires du groupe Burda en 2010, ce qui le classe internationalement juste derrière le groupe britannique Guardian (*Werben & Verkaufen*, 29/09/2011).

Alors même que les recettes tirées de la vente de contenus sur Internet sont minimes, cette montée en puissance des recettes du numérique ne peut se faire qu'« en élargissant de manière considérable des offres et des services plutôt éloignés des médias, dans lesquels les contenus journalistiques ne jouent aucun rôle » (Vogel, 2008 : 246). C'est donc à l'échelle de l'ensemble des activités des groupes que le numérique est rentable, dans une stratégie de diversification qui, très souvent, les éloigne de leur cœur de métier.

---

10   Feitz, Anne, « Les éditeurs restent optimistes quant à l'avenir de leurs journaux », *Les Échos*, 8/10/2010.

1. De plus en plus loin de l'information

Certains groupes investissent dans d'autres sites d'information, parfois dérivés du site premier : einestages ou Karrierespiegel pour le groupe Spiegel, Le Post pour Le Monde, Écrans, Voyages et NEXT pour Libération, Evene et Sport24 pour Le Figaro. Mais la diversification se fait le plus souvent dans des secteurs tout à fait différents : les petites annonces (AdenClassified pour Le Figaro ; AutoReflex.com pour Mondadori France allié à Springer France ; une filiale commune des groupes Holtzbrinck, Ippen et WAZ possède les sites Immowelt.de, Stellenanzeigen.de, Markt.de, Autoanzeigen. de), les réseaux sociaux (StudiVZ pour Holtzbrinck), les sites de services (AuFeminin. com pour le groupe Springer en France), l'assurance (Cplussur pour Le Figaro), le vin (Le Figaro). L'achat en 2011 par Springer du portail français de petites annonces immobilières seloger.com lui a coûté plus de 600 millions, soit quatre fois plus que ce que le groupe était prêt à investir dans une éventuelle version française de *Bild*, ce qui montre le déplacement des priorités. Cette stratégie est à rapprocher de celle qui mise sur le développement de plus-produits hors numérique (voir chapitre 8).

Cette politique de diversification vise-t-elle à garantir une base financière solide pour pouvoir continuer à publier de la presse, ou bien les maisons d'édition ne vont-elles pas devenir plutôt des entreprises présentes dans différents secteurs, auxquelles seront rattachées quelques publications de presse (Vogel, 2008 : 236) ? Cette question pourrait paraître sans intérêt du point de vue du lecteur de la presse ; pourtant, l'interaction entre presse et entreprises hors presse est toujours à surveiller de près car elle peut avoir des conséquences sur le plan rédactionnel. La situation est finalement presque la même que lorsque des entreprises étrangères à la presse (Dassault, LVMH) rachètent des journaux ; cette fois, ce sont les entreprises de presse qui s'étendent vers l'extérieur. Dans les deux cas, les groupes ont également des intérêts dans d'autres branches, qui peuvent entrer en conflit avec la mission d'information.

2. Financement des *pure players* : des modèles innovants

La diversification des activités vaut aussi pour les *pure players*, pour lesquels elle est d'autant plus nécessaire. S'il est relativement facile de fonder un site (un capital de départ de quelques dizaines de milliers d'euros pour Rue89), il est plus difficile de le maintenir en vie. Les sites financés uniquement par la publicité ne peuvent en vivre. Certains ont fait entrer dans leur capital des entreprises de médias (Claude Perdriel, propriétaire du *Nouvel Observateur*, pour Rue89), des investisseurs financiers (la Caisse d'Épargne et un fonds d'investissement pour Slate) ou des investisseurs spécialisés dans le secteur (ainsi Xavier Niel, fondateur de Free, qui en plus d'être devenu avec Pierre Bergé et Mathieu Pigasse propriétaire du *Monde*, est-il actionnaire minoritaire de Owni, Atlantico, Bakchich...). En règle générale, les fondateurs gardent la majorité du capital, ce qui leur garantit une certaine indépendance, encore que la présence au capital de Rue89 de sa propre régie publicitaire puisse susciter quelques interrogations sur d'éventuelles interactions entre rédactionnel et publicité.

Les sites cherchent à gagner de l'argent en diversifiant leur activité, avec la difficulté de développer des sources de revenus compatibles avec leur activité principale d'information. Ainsi, Rue89 se finance en partie par la formation de journalistes et des prestations de service en tant que développeur de sites Internet, et seuls 50 % de ses revenus viennent de la publicité. Slate pratique la vente de contenus à des organismes extérieurs, en plus d'avoir lancé une filiale en Afrique. OWNI est un site sans publicité, et l'information y est considérée comme une activité « non-profit ». Le site se finance en développant des sites, vendant donc non pas son contenu rédactionnel mais des « contenants » techniques (lefigaro.fr, 14/12/2010). Les sites *pure players* innovent donc en matière de financement, ce qui ne les met cependant pas à l'abri des conflits d'intérêts entre leurs différentes activités. Par ailleurs, des rapprochements se mettent en place avec des médias établis : ainsi, Rue89 coopère avec le site du *Nouvel Observateur* pour un service d'information sportive, et va former au journalisme en ligne les journalistes papier de l'hebdomadaire.

10

Sociologie du journalisme en France et en Allemagne

DÉFINITION DE LA PROFESSION

1. Statut des journalistes

L'accès au métier n'est réglementé ni en France ni en Allemagne. La France dispose toutefois, depuis 1935, d'un statut des journalistes, mais celui-ci fournit du journaliste une définition qui a tout de la tautologie : est journaliste... celui qui tire le principal de ses revenus du journalisme. En l'absence d'une définition de l'activité autre que fiscale, la jurisprudence a ajouté le critère d'une « activité intellectuelle portant sur des faits d'actualité » (Derieux et Granchet, 2010a : 383) et finalement, la loi précise que le journaliste pratique « le recueil d'informations et leur diffusion au public », ce qui reste une définition assez sommaire.

Une clause particulière du statut des journalistes en France suscite l'étonnement en Allemagne (Weischenberg et Sievert, 1998 : 397). Il s'agit de la « clause de conscience », la possibilité pour un journaliste de quitter un titre en bénéficiant des mêmes indemnités qu'en cas de licenciement lorsque celui-ci cesse de paraître pour quelque raison que ce soit, lorsqu'il change de propriétaire ou d'orientation.

La carte de presse (carte d'identité professionnelle) est attribuée en France aux journalistes professionnels dans des conditions fixées par décret, elle est délivrée par la commission de la carte d'identité des journalistes professionnels (CCJIP), qui ne fait que constater une activité préalable de journaliste. La carte n'est pas une condition d'accès à la profession, car elle n'est pas nécessaire pour pouvoir se faire embaucher comme journaliste. Il n'existe aucun Ordre des journalistes qui condamnerait les manquements, même si l'idée en a été maintes fois évoquée (Ruellan, 1992 : 29).

En Allemagne, c'est l'expérience du « Troisième Reich », pendant lequel des critères raciaux ou politiques déterminaient l'accès à la profession, qui a mené à ne pas

établir de barrières à l'entrée de la profession. La liberté d'expression garantie à tous par l'article 5 du *Grundgesetz* autorise chacun à se définir comme journaliste, et la profession n'a pas de statut particulier. Les lois sur la presse des différents *Länder* reconnaissent la mission d'intérêt public de la presse et accordent certains droits et privilèges aux journalistes, par exemple le *Informationsrecht* (l'obligation pour les administrations de leur fournir des informations).

Il n'y a pas en Allemagne une seule institution délivrant une carte de presse, car cela limiterait la liberté de la presse. De nombreuses organisations en délivrent, souvent avec comme en France le critère de l'origine des revenus. Un certain nombre de syndicats se sont réunis pour délivrer le *bundeseinheitlicher Presseausweis* (une carte de presse unique pour l'ensemble du territoire fédéral), mais la possession de cette carte n'est pas nécessaire pour travailler en tant que journaliste.

Le syndicat *Deutscher Journalisten-Verband* a publié une définition du métier qui fait largement autorité mais n'a pas de valeur légale : est journaliste quiconque fait son activité principale de la recherche, l'exploitation et le traitement d'informations, que ce soit de manière distrayante, en les analysant ou en les commentant, afin de les transmettre ou les faire transmettre au public par le biais d'un média. Ce tout dernier point a pour conséquence que le travail pour un service de communication est aussi considéré comme un travail de journaliste, alors que, en France, la *Charte d'éthique professionnelle des journalistes* du Syndicat national des journalistes précise au contraire que le journalisme « ne peut se confondre avec la communication ».

On distingue dans les deux pays les journalistes salariés et les journalistes indépendants (pigistes), payés à l'article. Des barèmes de salaires sont fixés par des conventions collectives signées entre les syndicats de journalistes et les fédérations d'employeurs. La renégociation du *Tarifvertrag* pour les journalistes travaillant dans les quotidiens allemands a donné lieu en 2011 à de nombreuses grèves dans les rédactions, en réaction à la volonté du BDZV, qui finalement dû céder, de revoir à la baisse les conditions de travail et de rémunération des journalistes.

2. Chartes de déontologie

En Allemagne, une institution est chargée de faire respecter un code de déontologie journalistique. Le *Deutscher Presserat* (conseil allemand de la presse), créé en 1956 et composé de représentants des organisations d'éditeurs et des syndicats de journalistes, est interne à la profession, sans intervention de l'État. Cette instance d'autocontrôle n'a pas d'autre pouvoir que celui d'émettre des blâmes. Le *Presserat* se fonde pour cette activité de contrôle de la presse et, depuis 2009, des contenus journalistiques sur Internet, sur un *Code de la presse* (*Pressekodex*[1]) qui énumère des principes éthiques devant guider l'activité des journalistes. Le *Presserat* peut être saisi

---

1   http://www.presserat.info/inhalt/der-pressekodex/pressekodex.html, page consultée le 02/11/2011.

par les lecteurs. Parmi les organes de presse ayant reçu le plus de blâmes, on trouve bien sûr *Bild*.

Le contenu du *Pressekodex* est très proche de celui de la *Charte des journalistes* française, à ceci près que la France n'a pas d'instance (même au pouvoir uniquement symbolique) chargée de dénoncer les manquements à ces principes. Établie lors de la fondation du Syndicat national des journalistes en 1918, la charte a été révisée plusieurs fois, pour devenir dans sa dernière mouture (mars 2011) la *Charte d'éthique professionnelle des journalistes*[2]. Malgré les demandes répétées des syndicats de journalistes auprès de l'État, elle n'est pas intégrée à la convention collective des journalistes. Elle n'a donc « aucune force contraignante ou obligatoire dans les relations entre les journalistes et leurs employeurs » (Derieux et Granchet, 2010a : 426).

Un dernier avatar d'un code de déontologie a été rédigé à la demande des États généraux de la presse de 2008, afin d'être intégré à la convention collective, après approbation par les partenaires sociaux. Or ce projet est contesté par les syndicats de journalistes, qui considèrent qu'il reflète uniquement le point de vue des éditeurs (*Libération*, 18/11/2010).

Les organisations de journalistes des deux pays reconnaissent la Charte de Munich de 1971, déclaration des droits et des devoirs des journalistes adoptée par la Fédération internationale des journalistes et par l'Organisation internationale des journalistes[3].

3. Protection du secret des sources

En Allemagne, les journalistes et les entreprises de presse sont en principe protégés contre les perquisitions et saisies (Dörr et Schwartmann, 2010 : 50) ; les journalistes sont de plus exclus des écoutes autorisées dans la lutte contre la criminalité par la réglementation dite du *Großer Lauschangriff*. Le § 53 du code de procédure pénale (*Strafprozessordnung*) donne aux journalistes le droit de ne pas nommer leurs sources (*Zeugnisverweigerungsrecht*). À la suite du scandale suscité en 2005 par une perquisition dans les locaux du magazine *Cicero*, le gouvernement fédéral devrait soumettre au Bundestag une modification du code pénal mettant fin aux poursuites en complicité contre des journalistes qui rendraient publiques des informations protégées par le secret professionnel (*Dienstgeheimnis*). Cette modification est souhaitée par les organisations professionnelles des médias afin de garantir davantage la protection des sources.

En France, la loi du 4 janvier 2010 garantit la protection du secret des sources des journalistes, sauf si « un impératif prépondérant d'intérêt public le justifie et si les mesures envisagées sont strictement nécessaires et proportionnées au but légitime poursuivi ». Cette limitation peut donner lieu à toutes sortes d'exceptions, au point que certains juristes considèrent que, en réalité, « le secret des sources des journalistes

---

2   http://www.snj.fr/spip.php?article1032, page consultée le 02/11/2011.
3   http://www.snj.fr/spip.php?article2016, page consultée le 02/11/2011.

n'existe pas » en France (Jean-Yves Le Borgne, vice-bâtonnier de Paris, *Le Figaro*, 04/10/2011). Et de fait, malgré la loi, différents incidents en 2008-2010 ont suscité l'inquiétude des journalistes, en particulier dans le cadre de l'affaire Bettencourt : vols d'ordinateurs de plusieurs journalistes ayant travaillé sur l'affaire, saisie, apparemment sur ordre de l'Élysée, des relevés de communications téléphoniques de journalistes. Le classement mondial de la liberté de la presse établi annuellement par Reporters sans frontières reflète cette situation : en 2010, l'Allemagne est 17ᵉ (en hausse) et la France a baissé jusqu'à atteindre la 44ᵉ place, un classement justifié, selon le secrétaire général de l'association, par

> plusieurs agressions contre des journalistes, des mises en examen, des violations ou tentatives de violation du secret des sources et surtout un climat lourd de défiance envers la presse. La majorité présidentielle a eu des mots très menaçants, parfois insultants, envers certains médias[4].

CARTOGRAPHIE DE LA PROFESSION

1. Données statistiques

Nombre de journalistes (2005)

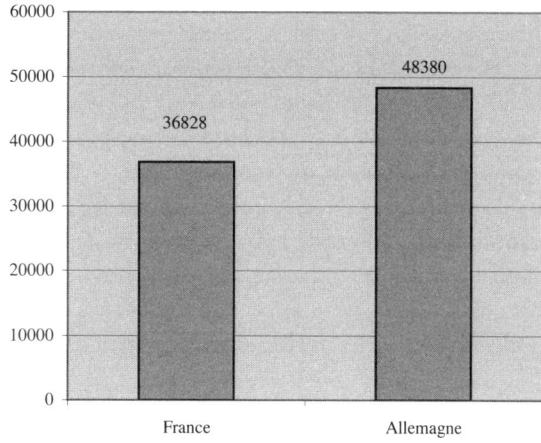

Schéma 47
Sources : Observatoire des métiers de la presse ; Weischenberg *et al.*, 2006

---

4   Scalbert, Augustin, « Liberté de la presse : RSF fustige la France de "la honte" », Rue89, 20/10/2010, http://www.rue89.com/2010/10/20/liberte-de-la-presse-rsf-fustige-la-france-de-la-honte-172128, page consultée le 22/10/2011.

Le nombre de journalistes est d'environ 30 % plus élevé en Allemagne, ce qui s'explique par le plus grand nombre de journaux.

Répartition du nombre de journalistes par média, statut, sexe et âge

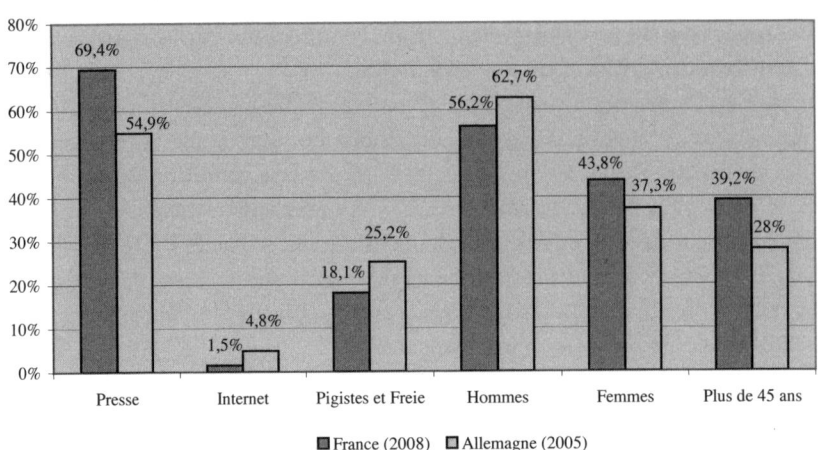

Schéma 48
Sources : Observatoire des métiers de la presse ; Weischenberg *et al.*, 2006

Les journalistes français travaillent davantage dans la presse et moins sur Internet qu'en Allemagne. La part des pigistes est plus élevée en Allemagne, de même que la part des hommes. Enfin, les journalistes français sont en moyenne plus âgés que les journalistes allemands. Dans les deux pays, le nombre des journalistes est en augmentation, et ils « se ressemblent de plus en plus sur le plan démographique » (Weischenberg et Sievert, 1998 : 401). La part des journalistes travaillant pour Internet augmente, ils sont aussi plus jeunes. La part des femmes ne cesse de croître, et elles sont plus nombreuses parmi les précaires (CDD et pigistes). La part des précaires ne cesse d'augmenter. C'est parmi eux que la proportion de jeunes journalistes est la plus élevée (Observatoire des métiers de la presse ; Buckow, 2011). Divers mouvements sociaux en France ont montré que c'est dans les rédactions web que l'on trouve le plus grand nombre de journalistes dans les situations professionnelles les moins stables.

En France, la grande majorité des salariés de la presse écrite (une catégorie qui inclut les pigistes et les salariés des agences de presse) travaille en Île de France (61 %) (Observatoire des métiers de la presse). Dans le système polycentrique allemand, la répartition est beaucoup plus équilibrée.

Parmi les salariés de la presse écrite française, près de 30 % sont employés par la presse magazine, suivie par la presse quotidienne régionale (25 %). La presse quotidienne nationale atteint 6,3 % (Observatoire des métiers de la presse). Dans la presse allemande, c'est au contraire la presse quotidienne qui emploie le plus de journalistes (35,4 %), contre 19,5 % pour les magazines (Weischenberg *et al.*, 2006).

2. Formation des journalistes

Les journalistes sont de plus en plus diplômés : en France, parmi les nouveaux titulaires de la carte de presse en 2008, 72 % avaient un diplôme au moins Bac + 3 (Observatoire des métiers de la presse), et en 2005, parmi les journalistes allemands, 68,8 % avaient fait des études supérieures, sans compter ceux qui les avaient entamées mais non terminées (Weischenberg *et al.*, 2006).

Il existe en France des formations « reconnues » par les conventions collectives, qui permettent en théorie de réduire la période de stage avant la reconnaissance comme journaliste titulaire – mais qui ne sont pas une condition pour obtenir la carte de presse. En 2009, seulement 15,2 % des journalistes titulaires de la carte étaient passés par une de ces formations, majoritairement Bac + 5 (Observatoire des métiers de la presse). Les autres formations sont universitaires, avec des perspectives d'insertion professionnelle tout aussi importantes, puisque plus de 85 % des journalistes titulaires d'un diplôme en sont issus.

En Allemagne, la formation est majoritairement universitaire (30,6 % des journalistes répertoriés en 2005), les titulaires d'écoles de journalisme étant en proportion à peu près similaire à celle observée en France (13,7 %) (Weischenberg *et al.*, 2006). Ces écoles dépendent souvent de maisons d'éditions, comme par exemple la Axel-Springer-Akademie ou la Burda Journalisten-Schule. Mais l'accès au métier se fait principalement par des stages (68,7 %) ou un *Volontariat* (62,4 %), un système spécifique à l'Allemagne qui s'ajoute souvent à une formation universitaire préalable. Les apprentis journalistes entrent sous contrat dans une entreprise dans laquelle ils sont formés pendant un à deux ans, en passant par plusieurs services différents, avant d'y être le plus souvent embauchés comme rédacteurs.

Le débat entre les tenants d'une formation technique, « professionnelle » et les défenseurs d'une formation générale existe dans les deux pays. La première tendance est beaucoup plus ancienne en France, où les premières écoles de journalisme ont été créées très tôt, en 1899 puis en 1924, dans un souci de « professionnalisation » des journalistes. En Allemagne, les formations, dont les premières ne datent que des années 1970, ont longtemps été purement universitaires, avant que ne soient mis en place des cursus intégrés mettant davantage l'accent sur la pratique. On est passé en Allemagne dans les années 1970 de la représentation d'un métier pour lequel il suffisait d'être doué (*Begabungsberuf*) à celle d'un métier pour lequel il fallait être formé (*Ausbildungsberuf*) (Donsbach, 1999 : 501).

PRATIQUES JOURNALISTIQUES

Comparer les styles nationaux de pratiques journalistiques revient parfois à pratiquer un comparatisme normatif qui déclarerait par exemple que les journalistes de

l'un des deux pays sont plus « professionnels » que ceux de l'autre. On vise ici plutôt à mettre en relation la structuration propre de chacun des deux espaces journalistiques et les pratiques et représentations constitutives d'une identité des journalistes dans les deux pays.

1. Un modèle commun, le journalisme anglo-américain

On oppose souvent un journalisme français d'opinion, à ambition littéraire, attachant autant sinon davantage d'importance à la forme qu'au fond, à un journalisme allemand qui se caractériserait par sa neutralité et son objectivité. Dans cette vision, le journalisme allemand est assimilé au journalisme anglo-saxon et, par là même, idéalisé. Pour éviter une telle simplification des contrastes, il est utile de procéder à une comparaison justement sur la base du degré d'adoption du modèle anglo-américain[5] par chacune des deux cultures journalistiques. On constate ainsi que les différences entre la France et l'Allemagne ne sont pas si grandes, et surtout qu'elles évoluent.

Les journalismes des deux pays ont été influencés par ce modèle anglo-américain, dont on s'accorde à considérer qu'il est à l'origine « des pratiques journalistiques qui constituent aujourd'hui la norme de référence » (Neveu, 2009 : 9). Ce modèle a été importé en France comme en Allemagne, à des époques et dans des circonstances différentes, et chacun l'a assimilé à sa manière, développant des modèles hybrides fortement marqués par les histoires respectives.

Neveu (2009 : 10-12) caractérise ainsi ce modèle de journalisme :
- importance de la dimension de collecte de l'information ;
- caractère central du factuel ;
- « prédominance d'un discours de l'objectivité, construit autour d'une visée de restitution des faits », séparant information et commentaire, se traduisant par une écriture sobre et descriptive qui répond aux questions « Qui ? Quoi ? Comment ? Quand ? Où ? » ;
- utilitarisme, c'est-à-dire développement d'une presse répondant à des besoins pratiques et quotidiens ;
- statut de la presse comme activité entrepreneuriale ;
- logique de maximisation des audiences.

Il souligne toutefois que les modes d'écriture sont plus variés, et que « la représentation d'un journalisme à l'américaine chroniquement dépouillé de toute subjectivité est une mythologie fatiguée » (*ibid.* : 16). Ce « journalisme d'observation », de même que le « journalisme d'opinion » auquel on l'oppose, est un type abstrait : on rencontre la plupart du temps des formes « mixtes » (Köcher, 1989 : 122).

---

5   On désigne par ce concept les grands traits de la culture journalistique dominante en Grande-Bretagne et aux États-Unis, ce qui est bien entendu aussi une simplification.

2. Marqueurs d'« objectivité » dans la presse allemande

La presse française ne pratique que peu la séparation formelle entre textes d'information et textes d'opinion. En Allemagne, au contraire, on distingue explicitement entre les textes à visée d'information (*Bericht, Nachricht*) et ceux qui visent à transmettre une opinion (*Leitartikel, Kommentar*). La séparation en types de textes est bien plus marquée et codifiée, comme on le voit dans les manuels d'écriture journalistique. Cependant, les deux pays connaissent un type de texte commun, l'éditorial (*Leitartikel*), dont la fonction unique est bien le commentaire de l'actualité.

L'organisation interne des articles allemands est également plus proche du journalisme anglo-américain : une structure en pyramide inversée, allant de l'essentiel aux détails, avec l'essentiel de l'information condensée dans le *Lead*, un chapeau censé répondre aux *W-Fragen*, les cinq questions fondamentales.

Ce type d'écriture qui « vient en quelque sorte suggérer que ce sont les faits qui parlent et non la subjectivité du rédacteur » (Neveu, 2009 : 65) est investi en Allemagne d'une fonction précise, celle d'un marqueur d'« objectivité »[6], une valeur centrale dans le discours sur le journalisme en Allemagne. Ce marquage formel a donc une fonction identitaire pour la culture journalistique en Allemagne.

Pourtant, il ne s'agit pas là d'une tradition spécifiquement allemande : l'importation de cette norme date de l'après-guerre. Ce sont en effet les occupants anglais et américains qui, après 1945, ont formé les journalistes allemands à ce nouveau type de journalisme afin de remplacer le traditionnel journalisme d'opinion, hérité des Lumières, dans lequel le journaliste luttait pour ses idées (Donsbach, 1999 : 491). Le modèle anglo-saxon était aussi censé garantir la plus grande distance possible par rapport au pouvoir politique et donc éviter que la presse serve à nouveau d'outil de propagande. Or « les journalistes et éditeurs ont certes introduit de manière *formelle* la séparation entre information et opinion, mais n'ont jamais vraiment intégré les normes professionnelles sous-jacentes ». Ont subsisté le « primat des opinions sur les faits » et la « définition du produit du travail journalistique comme le résultat d'une production intellectuelle individuelle » (*ibid.* : 496) avec ce que cela implique comme part de subjectivité.

Le modèle anglo-saxon n'a donc pas été repris dans son ensemble. Ainsi, alors que les fonctions de *reporter, editor* et *commentator* sont aux États-Unis attribuées à des personnes différentes, elles sont en Allemagne souvent assurées par la même personne (*ibid.* : 496). En Allemagne, la subjectivité individuelle est beaucoup moins encadrée que dans le système anglo-saxon, et la plus grande autonomie des journalistes

> stimule un journalisme plus interprétatif, valorisant plus le commentaire, éventuellement l'expression de points de vue personnels, d'autant que la centralisation hiérarchique est plus limitée. (Neveu, 2009 : 50)

---

6   Il ne s'agit pas ici d'un concept descriptif mais d'une norme spécifique à un certain type de journalisme.

Valérie Robert

Même le cadre juridique allemand est éloigné de ce que l'on peut trouver par exemple en Grande-Bretagne, où il n'y a pas de législation en matière de presse.

3. Un tropisme littéraire et politique spécifique à la France ?

Les différences avec le modèle anglo-saxon restent cependant beaucoup plus visibles en France qu'en Allemagne, puisqu'on y pratique beaucoup moins la mise en scène formelle de l'« objectivité ».

On considère en général que si le journalisme français tend davantage au commentaire et au jugement, c'est à cause de sa singularité historique : le travail de journaliste était au départ « une position d'attente vers les vraies carrières de la littérature et de la politique » (Neveu, 2009 : 12), ce qui se traduit par un fort tropisme littéraire et politique. Les interactions avec le monde politique ont toujours été nombreuses (Chupin *et al.*, 2009 : 39), qu'il s'agisse de journalistes entreprenant une carrière politique (comme Dominique Baudis ou Jean-François Kahn[7]) ou de parlementaires patrons de journaux (comme Serge Dassault ou Jean-Michel Baylet, président du groupe *La Dépêche*). Cette porosité entre les deux mondes n'est cependant pas inconnue en Allemagne. Le porte-parole du gouvernement Schröder était un ancien journaliste de *Bild* ; l'actuel porte-parole du gouvernement fédéral, Steffen Seibert, était auparavant journaliste pour la chaîne publique ZDF. Son prédécesseur est devenu *Intendant* (directeur) du *Bayerischer Rundfunk*, une des institutions de l'audiovisuel public allemand où, d'une manière générale, l'appartenance politique est un facteur important dans les carrières.

Le journalisme français se caractérise par une grande importance accordée à la forme (Schroeder, 1993 : 35). L'idéal reste « l'homme de lettres » (Ancker, 2001 : 259), et les journalistes les plus connus se comportent comme des intellectuels et définissent qui peut être considéré comme un intellectuel (Neveu, 2003 : 86). Toutefois, cette concurrence entre journalistes et « intellectuels primaires »[8] n'est pas spécifique à la France : les grands noms du *Feuilleton* (les pages culturelles des journaux) jouent exactement le même rôle, voire l'accaparent encore davantage, par exemple en lançant ou en orchestrant les grands débats. Cette proximité entre écrivains et journalistes est traditionnelle dans les deux pays : si l'on cite souvent, pour la France, l'exemple de Camus à *Combat*, la presse allemande, tout particulièrement pendant la république de Weimar, a elle aussi été marquée par des grands noms à la fois journalistes et écrivains, comme Kurt Tucholsky, Joseph Roth, Friedrich Sieburg, Alfred Kerr ou encore Egon Erwin Kisch. Si le prix du reportage français porte le nom d'Albert Londres, représentant d'un journalisme visant à « porter la plume dans la plaie », son équivalent allemand porte le nom de Kisch, reporter très engagé

---

7   Pour un tableau plus général, voir Psenny, Daniel, « Journalistes au pouvoir », *Le Monde*, 29/11/2009.

8   Robert, Valérie, 2003, « Polémiques entre intellectuels : pratiques et fonctions », in Robert, Valérie (éd.), *Intellectuels et polémiques dans l'espace germanophone*, Paris, PIA, p. 33-36.

(membre du parti communiste) et connu pour mélanger volontiers reportage et fiction. Dans les deux cas, le modèle historique est donc celui d'un journaliste-écrivain engagé. Il faut toutefois signaler que cette inclination pour la posture de l'intellectuel ne caractérise que l'élite du journalisme, c'est-à-dire la presse nationale ou suprarégionale. La presse régionale a bien moins d'ambitions lettrées et, soucieuse de maintenir de bonnes relations avec ses informateurs potentiels, limite au maximum l'expression d'une opinion (cf. le témoignage d'un journaliste de la presse locale dans Neveu, 2009 : 33).

4. Journalisme de connivence

C'est plutôt dans le domaine de la collecte de l'information que l'on peut constater une différence plus significative. C'est en général ce qui frappe les journalistes étrangers en France : souvent, les journalistes français font preuve d'une attitude révérencieuse envers les autorités, ne posant pas de question qui dérange (Lemieux, 2000 : 237), ne forçant pas les portes pour obtenir des informations. Ainsi, le cérémonial des conférences de presse présidentielles françaises, avec ses questions le plus souvent convenues à l'avance, surprend les observateurs anglo-saxons (Lemieux, 2000 : 229). Une comparaison avec l'Allemagne est éclairante : à Berlin, la *Bundespressekonferenz* (Conférence de presse fédérale) est organisée et présidée par des journalistes. Ceux qui y participent n'hésitent pas à manifester leur mécontentement lorsqu'ils n'obtiennent pas de réponse. Au printemps 2011, en pleine affaire Guttenberg, les journalistes présents, comprenant que le ministre avait préféré éviter de se présenter devant eux, ont quitté la salle pour exprimer leur indignation. Les journalistes allemands sont d'une manière générale très sensibles à toute tentative d'ingérence ou toute marque d'irrespect de la part des politiques (Kopper, 2003 : 116). Cependant, la grande déférence des journalistes français face à l'autorité s'accompagne dans le même temps du développement d'un journalisme d'investigation aux méthodes plus agressives, et dont l'Allemagne ne connaît guère l'équivalent (voir *infra*). Ces deux tendances coexistent, la seconde visant explicitement à se démarquer de la première.

En France, les rapports entre journalistes et politiques de la capitale sont marqués par une certaine connivence, une proximité sociale qui se traduit aussi fréquemment sur le plan privé. Les journalistes parisiens, en particulier des services politiques de la presse nationale, viennent la plupart du temps de classes sociales aisées (Weischenberg et Sievert, 1998 : 407) et ont suivi un parcours très similaire : école de journalisme, souvent précédée d'études dans un Institut d'études politiques dont émane également en grande partie le personnel politique.

Journalistes parisiens et politiques ont en commun une formation, une certaine vision du monde ou de la politique, des réseaux de sociabilité. Cette proximité rend difficile de pratiquer un journalisme où prime la recherche de l'information, comme l'a décrit Daniel Carton, ancien journaliste politique au *Monde*, dans son livre *Bien entendu c'est off* (2003). La proximité géographique joue aussi beaucoup. En Allemagne, si les correspondants à Berlin doivent entretenir de bonnes relations avec

les politiques actifs au niveau fédéral, la rédaction peut pour sa part être beaucoup plus critique, car elle est le plus souvent éloignée géographiquement. Cependant, les interactions voire connivences entre journalistes et politiques existent également en Allemagne, une situation que favorisait particulièrement le petit monde clos de Bonn. Les échanges se déroulent là aussi selon des règles non écrites, comme par exemple la pratique des informations livrées « unter drei », l'équivalent du « off » français[9].

En Allemagne, les institutions ont l'obligation de fournir des informations aux journalistes qui en font la demande. En France, l'accès à l'information dépend du carnet d'adresses et donc de la capacité à entretenir un réseau de relations à la limite entre le professionnel et le privé. On parle pour la France d'un « journalisme de connivence », voire de « de complaisance », que l'on peut expliquer par la centralisation des instances de pouvoir et des grands médias, conséquence « de l'importance prise historiquement en France par un État central, ancien et fort, coiffé d'une société de cour » (Lemieux, 2004 : 44).

REPRÉSENTATIONS DU MÉTIER

Si les pratiques sont donc différentes, mais sans que l'on puisse opposer radicalement un journalisme d'information en Allemagne contre un journalisme d'opinion en France, qu'en est-il sur le plan des représentations qui structurent l'identité professionnelle des journalistes ?

Du côté allemand, le modèle anglo-saxon est revendiqué, il a une « fonction emblématique » (Kopper, 2003 : 118) alors même qu'il n'est intégré que partiellement et coexiste avec d'autres aspects. Cette identification relève d'une sorte de « mythe professionnel » (Le Bohec, 2005), alors que l'image qui ressort d'enquêtes menées auprès de journalistes interrogés sur leur conception de leur métier montre plutôt de nombreuses similitudes entre la France et l'Allemagne.

De nombreuses enquêtes ont été menées pour comparer les représentations du métier dans différents champs journalistiques nationaux. Il est bien sûr difficile de déterminer dans quelle mesure les journalistes appliquent ces représentations dans leur travail quotidien. La définition par les journalistes de leur rôle reste néanmoins très intéressante, et l'on peut observer qu'existent des normes et valeurs communes (Weischenberg et al., 2011 : 41-42), en particulier en ce qui concerne la représentation de l'« objectivité ».

Une majorité des journalistes allemands considère que leur rôle est d'exercer une influence sur l'opinion publique (Donsbach, 1999 : 498, 508). Une comparaison entre journalistes britanniques et journalistes allemands a montré en 1989 que

---

9   Voir par exemple Föderl-Schmid, Alexandra, « Unter eins, zwei oder drei », *die tageszeitung*, 3/05/2004.

tandis que « les journalistes anglais se voient comme des détectives, leurs collègues allemands se conçoivent comme des missionnaires » et se reconnaissent dans un journalisme engagé, plus partisan (Köcher, 1989 : 127). Au début des années 1990 on constate que le zèle missionnaire a perdu un peu de terrain, même si l'engagement pour certaines valeurs reste très important (Donsbach, 1999 : 508). En 2005, le phénomène de « sécularisation des missionnaires » (*ibid.* : 509) est flagrant, la fonction qui arrive en tête est désormais « informer le public de la manière la plus neutre et précise possible » (Weischenberg *et al.*, 2006 : 355). Le curseur semble donc s'être déplacé vers un journalisme d'information, mais les journalistes allemands se sentent bien investis d'une mission politique, liée à la vision de la presse comme acteur de la démocratie.

Le journalisme d'opinion n'est donc pas réservé à la France, et les quotidiens suprarégionaux allemands « ne sont en aucun cas politiquement "neutres" » (Hubé, 2008 : 278). Plusieurs d'entre eux ont une ligne politique fixée soit dans les statuts de la rédaction, soit dans une clause d'entreprise. C'est le cas pour la *Frankfurter Rundschau* (à la ligne proche du SPD), la *tageszeitung* (héritière des mouvements alternatifs et proche des Verts), tous les quotidiens du groupe Springer. Certes, ces textes sont très généraux mais « signer dans son contrat de travail un engagement politique *a minima* est un acte qui, sans être très coûteux, n'est pas anodin » et qui ne correspond pas à l'image souvent propagée d'un journaliste neutre : « en Allemagne, le choix d'un organe de presse d'exercice est autant un choix journalistique qu'un choix politique » (*ibid.* : 355).

Une enquête menée auprès de journalistes américains et français a montré que ces derniers se montraient tout aussi attachés que les américains à défendre le respect dû à la règle de séparation des faits et des commentaires (Lemieux, 2004 : 41). Irene Preisinger a mené une enquête sur les représentations du métier chez les journalistes politiques de quotidiens et magazines nationaux et suprarégionaux en France et en Allemagne, donc des représentants de l'élite du journalisme. Dans les deux pays, c'est un « journalisme de transmission », fondé sur l'objectivité et la neutralité, qui s'impose comme norme théorique (Preisinger, 2003 : 82). Mais,

> alors que les Français interrogés se tournent davantage vers le modèle anglo-saxon, les Allemands interrogés s'en éloignent plutôt. Ils considèrent l'interprétation des faits et le fait de leur donner une place dans un contexte plus large comme une mission importante. (*ibid.* : 83)

Dans les motivations pour exercer ce métier, « exprimer ses propres opinions et convictions, prendre clairement position par rapport à des informations » suscite l'accord de beaucoup plus de journalistes allemands que de journalistes français (Preisinger, 2002 : 220), ce qui va à l'encontre de bien des lieux communs sur la presse des deux pays. Les journalistes français pensent eux aussi qu'il doit y avoir séparation formelle entre information et opinion, mais considèrent « qu'elle est difficilement compatible avec les traditions en matière de presse » (Preisinger, 2003 :

82). L'enquête fait ressortir qu'existe au contraire parmi les journalistes allemands interrogés la tendance à s'éloigner de la séparation entre textes d'information et textes de commentaire pour se rapprocher d'un journalisme d'analyse et d'explication (Preisinger, 2002 : 186).

STRUCTURATION DU CHAMP JOURNALISTIQUE

Les pratiques journalistiques des deux pays sont donc à interpréter non pas comme la manifestation de caractères nationaux mais comme des « écarts de style relatifs » (Lemieux, 2004 : 36) par rapport à une norme qui est finalement commune. Ces écarts sont à mettre sur le compte de la structuration respective des champs médiatiques, qui conduisent à une « structuration nationalement située de l'énonciation journalistique » (Hubé, 2008 : 23).

1. Développement d'un référentiel marchand

La concurrence sur les deux marchés, celui des lecteurs comme celui des annonceurs, contraint la presse et ses logiques de production. En France, les quotidiens nationaux sont en concurrence entre eux dans les kiosques. La baisse de la diffusion accompagnée de la baisse des recettes publicitaires a amené les journaux français à développer à la fin des années 1990 ce que Hubé (2008) appelle un « référentiel marchand », une réflexion sur des contenus et une présentation propres à séduire le lecteur sur le court terme. Cela a mené au développement de nombreuses nouvelles formules, sous-tendues par un « marketing rédactionnel » inspiré entre autres des *news magazines* :

> plus grande différenciation du « fait » et du « commentaire », développement du journalisme d'investigation comme moyen de conjuguer professionnalisme et coup marketing, essor des pages « Société » au détriment des pages « Politique ». (Chupin *et al.*, 2009 : 93)

On a vu se mettre en place des études de lectorat, des services marketing visant à « aller chercher le lecteur », comme cela a été formulé au *Monde* (Hubé, 2008 : 302), un but tout à fait nouveau pour ce quotidien. Le commercial a acquis ainsi une influence directe sur la mise en discours de l'information (*ibid.* : 340), entraînant une dépolitisation, un gommage du partisan au profit des *soft news*, du service, des rubriques de divertissement.

2. Journalisme d'investigation

C'est durant la même période que s'est développé un genre de journalisme jusque-là peu pratiqué, le journalisme d'investigation. Ce journalisme, dont les caractéristiques

sont l'enquête longue, les révélations « exclusives », les scoops et la dénonciation d'« affaires », cultive un ton offensif vis-à-vis des élites qui l'inscrit à rebours du journalisme « de connivence ». Ceux qui se désignent comme « journalistes d'investigation » se démarquent de leurs collègues et concurrents en défendant « une conception plus professionnelle et plus autonome du métier, c'est-à-dire, à leurs yeux, plus subversive et plus morale » (Marchetti, 2001 : 187). Il n'est donc pas étonnant que ce journalisme soit contesté par les représentants de styles journalistiques antérieurs moins portés sur le sensationnel. Le journalisme d'investigation est parfois considéré comme relevant d'une logique de fait divers politisé et donc ennobli (*ibid.* : 185). Ce type de journalisme a une fonction dans la concurrence entre médias, il sert – aussi – à augmenter les ventes et à se positionner dans le champ médiatique : « l'investigation est le produit et le révélateur d'une concurrence qui est au moins autant professionnelle que commerciale, ces deux dimensions étant fortement liées » (*ibid.* : 179). Il n'est donc pas étonnant que ce type de journalisme soit particulièrement revendiqué par les nouveaux entrants dans le champ médiatique comme les *pure players* Mediapart (dirigé par Edwy Plenel) et Bakchich, qui affirment ainsi leur différence, autant dans le média que dans les pratiques journalistiques.

3. *Bild* comme repoussoir

En Allemagne, les journaux, en particulier les quotidiens suprarégionaux, ne sont pas dans une concurrence de court terme qui se jouerait au kiosque. Ils disposent d'un important portefeuille d'abonnés, et ce sont eux qu'il s'agit de conserver sur le moyen et long terme. Les choix éditoriaux visent à maintenir la spécificité du journal en le distinguant non pas des autres suprarégionaux mais de la presse régionale et des *Kaufzeitungen*, *Bild* en particulier. Conserver ou augmenter son lectorat passe par un renforcement du caractère sérieux du journal, tout en développant les commentaires, les analyses, les informations de fond et les reportages (Hubé, 2008 : 241). Entre grands journaux suprarégionaux, la concurrence s'exprime par exemple par une émulation intellectuelle sur le terrain du *Feuilleton* (les pages culturelles), comme l'a montré par exemple la « querelle des historiens », le *Historikerstreit*.

La course au scoop est beaucoup moins marquée en Allemagne, même si un journaliste politique d'un quotidien suprarégional constate que

l'information exclusive, le scoop, a aujourd'hui un poids bien plus important. Qui est cité, et à quelle fréquence ? Ça, nous le prenons bien plus au sérieux que le lecteur. Mais aucun lecteur n'acceptera sur le long terme que son journal soit toujours à la traîne. (Meyen, 2009 : 337)

Certains quotidiens ont rénové leur format : la *Frankfurter Rundschau* est passée en format tabloïd, la *tageszeitung* a inauguré en 2005 une nouvelle Une, considérée par certains lecteurs comme une « boulevardisation » du journal (Hubé, 2008 : 375). La très conservatrice *FAZ* a également inauguré une nouvelle formule en 2007,

Valérie Robert

avec pour la première fois de son histoire une photo en Une et quelques minuscules carrés rouges dans le sommaire. Il n'en a pas fallu davantage pour que des lecteurs fidèles protestent en rappelant qu'ils étaient abonnés à la *FAZ* et pas à *Bild*...

Il existe également une presse suprarégionale orientée davantage vers les besoins de lecteurs plus jeunes (*Welt kompakt* ou l'édition du dimanche de la *FAZ*). « La pensée marchande des suprarégionaux allemands existe bien mais elle s'externalise sur de nouveaux produits » (Hubé, 2008 : 274), sans contagion entre les titres.

La distinction se fait donc moins entre suprarégionaux « sérieux » que par rapport à d'autres familles de titres. C'est probablement cette frontière, ce « contrat de lecture », qui empêche le développement de certains traits propres au « journalisme de marché » que l'on trouve dans d'autres pays : accent mis sur la vie privée des personnes publiques (ce dont *Bild* et la presse *people* ont l'exclusivité) et sur les émotions, Unes accrocheuses. Le raisonnement est que ce genre de journalisme ferait fuir les lecteurs, il a donc lui aussi une composante marketing : « la qualité est aussi un argument commercial » (*ibid.* : 261).

Il n'est donc pas surprenant que le journalisme d'investigation soit peu développé en Allemagne, à l'exception de ses deux porteurs traditionnels : le *Spiegel*, modèle mondial du genre, et *Bild* pour l'aspect sensationnel et la dénonciation permanente de « scandales ». Il n'y a pas en Allemagne de site Internet *pure player* positionné sur ce créneau. Cette répartition des tâches s'explique par le côté « fait divers » du journalisme d'investigation, qui ne cadre pas avec la ligne éditoriale qui fait le succès de la presse quotidienne suprarégionale.

4. Dépendance du politique

Le développement en France d'un journalisme d'investigation est aussi une réaction à une culture politique spécifique, beaucoup plus opaque qu'en Allemagne, et à une intervention de l'État dans les médias qui va plus loin qu'une aide financière. Le discours du président de la République lors des États généraux de la presse de 2008, durant lequel il a « fait la leçon aux éditeurs et expliqué aux journalistes ce qu'est le bon journalisme » a suscité beaucoup d'étonnement en Allemagne[10], où l'on a parlé de « berlusconisation de la presse ». Les liens entre presse et pouvoir passent par plusieurs canaux : les amitiés personnelles de Nicolas Sarkozy avec Arnaud Lagardère, Vincent Bolloré ou Martin Bouygues (TF1), les liens entre l'État et des entreprises comme Dassault ou Lagardère, dont l'État est le client dans leur métier d'origine (armement, aéronautique, bâtiment). Plusieurs politiques de tous bords réclament d'ailleurs une loi limitant les participations dans les médias de groupes vivant de la commande de l'État.

---

10   Forster, Siegfried « Die Generalstände der Presse. Brainstorming gegen die Krise », in *Dokumente* 2/09, p. 5-7.

Le cas du *Figaro* est très souvent évoqué dans ce contexte, à la suite de divers cas de traitement favorable de pays avec lesquels l'entreprise Dassault fait ou souhaite faire des affaires. L'industriel est d'ailleurs tout à fait franc : « Quand quelqu'un investit dans [...] un journal, il a quand même le droit d'avoir un regard sur ce qui se passe et sur l'orientation politique » [11] ; un journal « permet de faire passer un certain nombre d'idées saines » [12]. Cela suscite chez les journalistes du *Figaro* un certain malaise, lié pas tant à cette position politique en tant que telle qu'à l'immixtion d'intérêts industriels extérieurs à la presse dans des questions rédactionnelles. Celle-ci n'est d'ailleurs pas réservée à la France ni liée exclusivement à la présence d'acteurs venant d'autres secteurs. En Allemagne, le groupe Springer est certes un groupe de médias indépendant, mais l'information produite par les différents journaux du groupe est aussi conditionnée par les intérêts économiques de celui-ci. Ainsi, lorsque Springer a tenté de racheter ProSiebenSat.1, groupe de télévision privée, les journaux du groupe ont mené une campagne contre l'audiovisuel public et son financement par la publicité.

5. Limites de l'indépendance rédactionnelle

Les journalistes des deux pays tentent de se protéger contre l'intrusion de différents pouvoirs dans leur travail d'information. C'est la fonction des sociétés de journalistes créées en France dans certains journaux, et des statuts de la rédaction qui existent dans certains journaux en France et en Allemagne. Ceux-ci garantissent aux journalistes un droit de regard sur la politique du journal, c'est le cas par exemple de la *Süddeutsche Zeitung*, sans parler du *Spiegel* qui appartient en grande partie à ses employés. La ligne politique des différents journaux a d'ailleurs mené en Allemagne à une discussion sur la *innere Pressefreiheit* (la liberté interne de la presse). La loi classe les médias privés parmi les *Tendenzbetriebe*, des entreprises qui visent à l'information et à l'expression d'une opinion et dans lesquelles c'est bien l'éditeur qui détermine la tendance (l'orientation) du journal, à laquelle les journalistes doivent se tenir (Dörr et Schwartmann, 2010 : 169).

Dans certains journaux français, le droit de regard des personnels a été réduit au fil des augmentations de capital : cela s'est produit à *Libération* et au *Monde*. Cependant, *Le Monde* a désormais une charte d'éthique et de déontologie qui exprime très clairement que « les actionnaires du groupe Le Monde garantissent l'indépendance économique de ses titres au sens de la présente Charte, mais se gardent d'intervenir dans leurs choix éditoriaux et leur traitement de l'information ».

---

11   Magnaudeix, Mathieu, « Une presse quotidienne en crise (3/5) : le grand malaise du *Figaro* », Mediapart, 8/10/2008, http://www.mediapart.fr/journal/france/081008/une-presse-quotidienne-en-crise-35-le-grand-malaise-du-figaro, page consultée le 15/10/2011.

12   Maler, Henric, « La presse selon Dassault (4) : les "idées saines" », Acrimed, 10/12/2004, http://www.acrimed.org/article1853.html, page consultée le 15/10/2011.

Conclusion

Les deux paysages de presse décrits ici se sont structurés progressivement au cours d'une histoire propre à chacun des deux pays, et s'inscrivent dans une organisation géographique, politique et institutionnelle différente. Les habitudes de lecture, l'organisation du marché, la représentation du rapport entre presse et État, entre presse et pouvoir politique, tout cela sépare la presse en France de celle en Allemagne. Pour autant, il serait caricatural d'affirmer l'existence d'une opposition radicale entre ces deux systèmes, même si l'exemple français sert parfois de repoussoir en Allemagne, et même si, inversement, la prospérité relative de la presse allemande fait rêver les éditeurs français. Les représentations qui circulent au sujet de la presse du pays voisin sont fonction du paysage de presse national, elles sont inextricablement liées aux clichés sur la langue et la culture du voisin, et elles relèvent souvent de projections à fonction identitaire, comme c'est le cas pour l'opposition souvent postulée en Allemagne entre un journalisme de connivence caractéristique de la France et un journalisme allemand qui ne serait qu'objectivité.

Nous avons vu qu'une telle représentation est une simplification extrême d'une situation bien complexe, où les points communs s'avèrent nombreux, pour peu qu'on veuille bien se donner la peine de braquer le projecteur sur eux. De plus, si les réponses sont différentes, les questions qui se posent en ce qui concerne l'avenir de la presse sont les mêmes, et dans les deux pays, de nombreux acteurs font preuve d'inventivité pour imaginer la presse de demain – avec toutefois une approche spécifique. Là où les *pure players* français tentent de rénover une presse française qu'ils jugent souvent indigne, de jeunes entrepreneurs allemands ont tenté de fabriquer avec *niiu* un quotidien sur mesure, qui proposait le meilleur de la presse allemande, selon les souhaits de l'abonné, par exemple le *Feuilleton* de la *FAZ* avec les pages économie de la *Süddeutsche* et les pages sport du *Tagesspiegel*. Si cette entreprise n'a pas réussi à trouver un financement durable, il n'en reste pas moins qu'elle préfigure sans doute un possible avenir de la presse. On retrouve le même principe sur le site

commentarist.de, qui propose une sélection personnalisable des textes d'opinion parus sur les sites des journaux allemands. Entre remise en cause et mise en valeur de l'existant, les réponses innovantes à la crise de la presse ne sont donc pas les mêmes, probablement parce que les causes de cette crise ne se recoupent pas complètement dans les deux pays.

Pourtant, du côté des éditeurs traditionnels, tout se passe comme si une seule réponse était possible. Nous avons évoqué de nombreux facteurs susceptibles de faire évoluer la presse en France et en Allemagne dans la même direction. L'un d'eux est peut-être le plus important à l'échelle mondiale : il s'agit de la pression exercée par les propriétaires de journaux qui pourrait mener à un « journalisme de marché » (Neveu, 2009 : 94-95) orienté non seulement vers la rentabilité en tant que telle (car les journaux sont bien des entreprises), mais vers un maximum de rentabilité.

On observe cette évolution en France comme en Allemagne, comme le montrent les fusions de rédactions. Les gratuits en sont également une illustration, avec des équipes très réduites. Sur Internet, le décompte des clics sur tel ou tel article permet d'en apprécier la popularité, ce qui pourrait rapidement mener à la disparition de rubriques ou de thèmes suscitant un intérêt moindre. La distance par rapport aux sources ne peut être maintenue que si les conditions matérielles s'y prêtent, et elle « suppose des investissements contraires à la visée de maximisation du profit » (*ibid.* : 41).

Les pratiques journalistiques sont donc directement touchées par l'orientation vers un élargissement de l'audience, qui touche à la sélection et à la présentation des informations, et vers un accroissement des ressources publicitaires, qui touche à la séparation entre les rédactions et les régies publicitaires (Donsbach, 2009 : 42). Cette commercialisation de la presse et plus généralement de l'information pourrait bien entraîner une homogénéisation des pratiques et des contenus par-delà les frontières d'espaces journalistiques qui, tout en restant étanches, sont de plus en plus soumis aux mêmes exigences. Quant à savoir si la presse elle-même continuera à exister, dans quelque pays que ce soit : la prophétie est un art difficile, et la question reste ouverte.

Liste des sigles et abréviations

AFP	Agence France-Presse
BDZV	Bundesverband Deutscher Zeitungsverleger Union fédérale des éditeurs allemands de journaux
BVG	Bundesverfassungsgericht Cour constitutionnelle fédérale
BVPG	Bundesverband Deutscher Buch-, Zeitungs- und Zeitschriften-Grossisten Union fédérale des grossistes en livres, journaux et magazines
CDU	Christlich-Demokratische Union Deutschlands
CSMP	Conseil supérieur des messageries de presse
CSU	Christlich-Soziale Union
dapd	Deutscher Auslands-Depeschendienst
DDVG	Deutsche Druck- und Verlagsgesellschaft
DGMIC	Direction générale des médias et des industries culturelles (ministère de la Culture et de la Communication)
dpa	Deutsche Presse Agentur
FAZ	*Frankfurter Allgemeine Zeitung*
FDP	Freie Demokratische Partei
FTD	*Financial Times Deutschland*
IPG	Information politique et générale
IREP	Institut de recherches et d'études publicitaires
IVW	Informationsgemeinschaft zur Feststellung der Verbreitung von Werbeträgern Institut de mesure de la diffusion des supports publicitaires
MLP	Messageries lyonnaises de presse
OCDE	Organisation de coopération et de développement économiques

OJD	Organisme de justification de la diffusion
PQN	Presse quotidienne nationale
PQR	Presse quotidienne régionale
Presse-Grosso	Voir BVPG
SPD	Sozialdemokratische Partei Deutschlands
SPEL	Fonds d'aide au développement des services de presse en ligne
SPIIL	Syndicat de la presse indépendante d'information en ligne
SPM	Syndicat de la presse magazine
SPQN	Syndicat de la presse quotidienne nationale
SPQR	Syndicat de la presse quotidienne régionale
SWMH	Südwestdeutsche Medien Holding
SZ	*Süddeutsche Zeitung*
taz	*die tageszeitung*
VDZ	Verband Deutscher Zeitschriftenverleger Fédération des éditeurs allemands de magazines
WAN-IFRA	World Association of Newspapers and News Publishers
WAZ	*Westdeutsche Allgemeine Zeitung*
ZAW	Zentralverband der deutschen Werbewirtschaft

Liste des tableaux et schémas

Lexique allemand-français de la presse

N.B. : Pour les noms de personnes, nous n'indiquons que le masculin. Ils peuvent (et doivent !) tous être féminisés, en allemand avec le suffixe -in.

Der Rechtsrahmen – Le cadre juridique

die Pressefreiheit	la liberté de la presse
die Vielfalt	la diversité
der Pluralismus	le pluralisme
die freie Meinungsäußerung	la liberté d'expression
die Zensur	la censure
der Informantenschutz der Quellenschutz	la protection des sources
die Konzentration	la concentration
der Wettbewerb (-e)	la concurrence
die Wettbewerbsverzerrung (-en)	la distorsion de concurrence
die marktbeherrschende Stellung	la position dominante
die direkte Subvention (-en)	la subvention directe
die indirekte Subvention (-en)	la subvention indirecte
die Steuererleichterung	l'allégement fiscal
der Sondertarif beim Posttransport	le tarif postal spécial

Die Presse – La presse

die Presselandschaft (-en)	le paysage de presse
das Presseerzeugnis (-se)	le produit de presse
das Leitmedium (-en)	le média de référence
die Zeitung (-en)	le journal

die Tageszeitung (-en)	le quotidien
die Zeitschrift (-en) das Magazin (-e)	le périodique, le magazine
die Wochenzeitung (-en)	l'hebdomadaire (sur papier journal)
das Blatt (¨-er)	le journal (quotidien ou magazine)
die Gratiszeitung (-en) die (kostenlose) Pendlerzeitung (-en)	le journal gratuit (d'information)
das Anzeigenblatt (¨-er)	le journal d'annonces
die Abonnementzeitung (-en) die Abozeitung (-en)	le journal vendu majoritairement par abonnement
die Straßenverkaufzeitung (-en) die Kaufzeitung (-en)	le journal vendu majoritairement au numéro, le journal de boulevard
die Sonntagszeitung (-en)	le journal du dimanche
die Erscheinungsweise (-n)	le mode de parution, la périodicité
der Erscheinungstag (-e)	le jour de parution
die Ausgabe (-n)	l'édition, le numéro (d'un journal)
die Wochenendausgabe (-n)	l'édition du week-end
die Sonntagsausgabe (-n)	l'édition du dimanche
die Lokalausgabe (-n)	l'édition locale
der Seitenumfang	le nombre de pages
die Wochenzeitschrift (-en)	le magazine hebdomadaire
die Monatszeitschrift (-en)	le magazine mensuel
die Publikumszeitschrift (-en)	le magazine grand public
die Fachzeitschrift (-en)	le magazine spécialisé
das Nachrichtenmagazin (-e)	le *news magazine*, le magazine d'information
die Programmzeitschrift (-en) das Programmie (-s)	le magazine (programme) TV
die Frauenzeitschrift (-en)	le magazine féminin
die Kinderzeitschrift (-en)	le magazine pour enfants
die Jugendzeitschrift (-en)	le magazine pour jeunes, pour adolescents
der Titel (-)	le titre
das Zeitungsexemplar (-e)	l'exemplaire d'un journal

Der Verlag – La maison d'édition

der Verlag (-e)	la maison d'édition, l'éditeur
der Verleger (-)	l'éditeur
der Konzern (-e) die Zeitungsgruppe (-n) die Verlagsgruppe (-n)	le groupe

Valérie Robert

die Genossenschaft (-en)	la coopérative
eine Zeitung herausgeben	éditer un journal

Die Sparten – Les rubriques

die Titelseite (-n)	la première page, la Une
der Mantel	la partie générale
die Rubrik (-en) die Sparte (-n)	la rubrique
das Heft (-e)	le cahier
die Beilage (-n) das Supplement (-s)	le supplément
der Lokalteil (-e)	les pages locales
das Feuilleton (-s)	les pages culturelles

Die journalistischen Textsorten – Les genres journalistiques

das Interview (-s)	l'interview
die Rezension (-en)	le compte rendu, la critique
die Glosse (-n)	la chronique (au ton souvent humoristique)
die Kolumne (-n)	la chronique
die Reportage (-n)	le reportage
der Aufmacher (-)	la Une
die Kurzmeldung (-en)	la brève
der Kommentar (-e)	le commentaire
der Leitartikel (-)	l'éditorial

Die Redaktion – La rédaction

der Herausgeber (-)	l'éditeur, le directeur de la publication
der Chefredakteur (-e)	le rédacteur en chef
der Redakteur (-e)	le rédacteur
der Journalist (-en, -en)	le journaliste
der Praktikant (-en, -en)	le stagiaire
der Volontär (-e)	le journaliste en *Volontariat*
der Freie (Adj.)	le pigiste
die publizistische Einheit (-en)	l'unité rédactionnelle
die Vollredaktion (-en)	la rédaction complète
der Redaktionsschluss	le bouclage
der Korrespondent (-en, -en)	le correspondant
der Berlinkorrespondent (-en, -en)	le correspondant à Berlin, le journaliste parlementaire

der Auslandskorrespondent (-en, -en)	le correspondant à l'étranger
das Ressort (-s)	le service

Die Informationsquellen – Les sources d'information

die Presseagentur (-en)	l'agence de presse
das Presseamt ("-er)	le service de presse (gouvernemental)
die Pressestelle (-n)	le service de communication
der Pressesprecher (-)	le porte-parole
der Pressereferent (-en, -en)	l'attaché de presse

Die Pressewirtschaft – L'économie de la presse

die Reichweite	l'audience, le taux de pénétration (en pourcentage ou en nombre de lecteurs)
die Leserschaft	le lectorat, les lecteurs
der Pressemarkt	le marché de la presse
der Copypreis (-e) der Verkaufspreis (-e)	le prix au numéro, le prix facial
das Nebenprodukt (-e)	le plus-produit, le produit dérivé
die Einnahmen (pl.)	les recettes
der Absatz ("-e)	la vente (les ventes)
die Kosten (pl.) die Ausgaben (pl.)	les frais, les coûts
der Umsatz ("-e)	le chiffre d'affaires
der Gewinn (-e)	le bénéfice
der Verlust (-e)	la perte
der Marktanteil (-e)	la part de marché
die Werbeeinnahmen (pl.) die Anzeigeneinnahmen (pl.) der Anzeigenerlös (-e)	les recettes publicitaires
die Vertriebseinnahmen (pl.) der Vertriebserlös (-e)	les recettes des ventes

Der Vertrieb – les ventes

der Vertrieb (-e)	la commercialisation, la distribution, les ventes
die Auflage (-n) die Druckauflage die Auflagenhöhe	le tirage

Valérie Robert

der Verkauf die verkaufte Auflage die Verkaufsauflage die verkauften Exemplare (pl.)	la diffusion, le nombre d'exemplaires vendus
die Verbreitung	la diffusion / la couverture (en termes de zone géographique)
das Hauptverbreitungsgebiet (-e)	la zone de diffusion principale
das Zeitungssterben	la disparition de titres de journaux
der Einzeitungskreis (-e)	la zone de monopole
eine Zeitung vertreiben	diffuser un journal
die unverkauften Zeitungen (pl.) die Remittenden (pl.) die Remission	les invendus, le bouillon
der Einzelverkauf der Verkauf im Nummernabsatz	la vente au numéro
das Abonnement (-s)	l'abonnement
der Abonnent (-en, -en)	l'abonné
eine Zeitung beziehen	être abonné à un journal
eine Zeitung abonnieren	s'abonner à un journal
das Vertriebsnetz (-e)	le réseau de diffusion
der Zeitungshändler (-)	le marchand de journaux, le diffuseur
der Grossist (-en, -en)	le grossiste
die Posteinweisung	la distribution par la poste
die Zustellung per Bote	le portage
der Zustelldienst (-e)	l'entreprise de portage
der (Zeitungs)bote (-n, -n) der Zeitungszusteller (-)	le porteur
eine Zeitung austragen	distribuer un journal par portage

Werbung und Anzeigen – Publicité et petites annonces

der Werbemarkt (¨-e)	le marché publicitaire
der Werbekuchen	le gâteau publicitaire
die Werbeausgaben (pl.)	les dépenses, les investissements publicitaires
der Werbeträger (-) der Anzeigenträger (-)	le support publicitaire
der Anzeigenteil	la rubrique des petites annonces

der Anzeigenpreis (-e)	le tarif publicitaire
der Preis der Anzeigenseite	
der Inserent (-en, -en)	l'annonceur
der Werbetreibende (Adj.)	
ein Inserat aufgeben	faire paraître une annonce
die Werbeanzeige (-n)	l'annonce publicitaire
die (kleine) Anzeige (-n)	la petite annonce
die Stellenangebote (pl.)	les offres d'emploi
der Werbeetat (-s)	le budget publicité/publicitaire
die Schleichwerbung	la publicité clandestine

Die Herstellung – la fabrication

die Herstellung	la fabrication
der Herstellungsprozess	
der Druck	l'impression
die Druckerei (-en)	l'imprimerie
der Satz	la composition
das Layout	la maquette
der Umbruch	la mise en page
die Kosten der Herstellung	les coûts de fabrication
die festen/fixen Kosten	les coûts fixes
die beweglichen/variablen Kosten	les coûts variables

Die Onlinepresse – La presse en ligne

die Webseite (-n)	le site Internet
die Informationswebseite (-n)	le site d'information
das Newsportal (-e)	
der Zeitungsableger (-)	la déclinaison internet d'un journal
die Onlinezeitung (-en)	le journal en ligne
das unabhängige Newsportal	le *pure player*
das unabhängige Nachrichtenportal	
das reine Online-Nachrichtenangebot	
die reine Onlinezeitung	
das/der Placeblog (-s)	le blog ou le site d'information régional
das/der Regioblog (-s)	
die Blogosphäre	la blogosphère
der Blogger (-)	le blogueur
bloggen	bloguer

das/der Weblog (-s) das/der Blog (-s)	le blog
die App (-s)	l'application
frei zugänglich kostenlos	gratuit
das kostenpflichtige Angebot	l'offre payante
die Page-Impression (-s) der Seitenabruf (-e) der Seitenaufruf (-e)	la page vue
der Visit (-s) der Besuch (-e)	la visite
der Unique User (-s) der Unique Visitor (-s) der Unique Visit (-s)	le visiteur unique
die Suchmaschine (-n)	le moteur de recherche
das soziale Netzwerk (-e)	le réseau social

Bibliographie

(Les références signalées par * sont des introductions ou des synthèses particulièrement utiles)

*ALBERT, Pierre, 2008, *La presse française*, Paris, La Documentation française.

ALBERT, Pierre, FREUND, Wolfgang et KOCH, Ursula E., (éds), 1990, *Allemagne-France. Deux paysages médiatiques / Frankreich-Deutschland. Medien im Vergleich.* Frankfurt/Main, Peter Lang.

*ALBERT, Pierre et KOCH, Ursula E., 2000, *Les médias en Allemagne*, Paris, Presses Universitaires de France.

ALBERT, Pierre, KOCH, Ursula E. et RIEFFEL, Rémy (éds), 2003, *Les médias et leur public en France et en Allemagne / Die Medien und ihr Publikum in Frankreich und in Deutschland*, Paris, Éditions Panthéon-Assas.

ANCKER, Frauke, 2001, « Journalismus: Arbeitsmarkt und Berufsverbände » in Weber, Thomas et Woltersdorff, Stefan (éds), *Wegweiser durch die französische Medienlandschaft*, Marburg, Schüren, p. 265-268.

ARD-ZDF-Medienkommission, 2010, *Massenkommunikation*.

*ARLT, Hans-Jürgen et STORZ, Wolfgang, 2010, *Drucksache „Bild" - Eine Marke und ihre Mägde. Die „Bild"-Darstellung der Griechenland- und Eurokrise*, Frankfurt/Main, Otto-Brenner-Stiftung.

BEIGNIER, Bernard, DE LAMY, Bertrand et DREYER, Emmanuel (éds), 2009, *Traité de droit de la presse et des médias*, Paris, Lexis Nexis.

BOURGEOIS, Isabelle, 2004, « Frankreich-Deutschland: zwei Medienlandschaften, zwei Ausbildungssysteme », in Frenkel *et al.* (éds), 2004, p. 13-22.

BOURGEOIS, Isabelle, 2005a, « Médias français et allemands - convergences et divergences dans le contexte européen », *Revue d'Allemagne*, n° 1, janvier-mars 2005, p. 65-86.

Bourgeois, Isabelle, 2005b, « Medien: Industriepolitik für den Standort Frankreich », in Kimmel, Adolf et Uterwedde, Henrik (éds), *Länderbericht Frankreich*, Wiesbaden, Bundeszentrale für politische Bildung, p. 302-322.

Bourgeois, Isabelle, 2010, « Les médias dans l'Allemagne unie. De l'unification démocratique à la normalisation du marché », in CIRAC (éd.), *Regards sur l'économie allemande. Dossier spécial 20 ans d'Unité allemande* (n° 98-99, octobre-décembre 2010), p. 63-78.

Buckow, Isabelle, 2011, *Freie Journalisten und ihre berufliche Identität. Eine Umfrage unter den Mitgliedern des Journalistenverbands Freischreiber*, Wiesbaden, VS Verlag fiur Sozialwissenschaften.

Cardoso, Aldo, 2010, *La gouvernance des aides publiques à la presse*, Rapport au ministre du Budget, des Comptes publics et de la Réforme de l'État et au ministre de la Culture et de la communication.

Charon, Jean-Marie, 1991, *La presse en France de 1945 à nos jours*, Paris, Seuil.

Charon, Jean-Marie, 2003, *Les médias en France*, Paris, La Découverte.

*Charon, Jean-Marie, 2008a, *La presse magazine*, Paris, La Découverte.

*Charon, Jean-Marie, 2008b, *La presse quotidienne*, Paris, La Découverte.

*Charon, Jean-Marie et Le Floch, Patrick, 2011, *La presse en ligne*, Paris, La Découverte.

*Chauveau, Agnès et Tétart, Philippe, 1999, *Introduction à l'histoire des médias en France de 1881 à nos jours*, Paris, Armand Colin.

Chill, Hanni et Meyn, Hermann, 1998a, « Der journalistische Beruf », in Bundeszentrale für politische Bildung (éd.), *Massenmedien* (Heft 260).

Chill, Hanni et Meyn, Hermann, 1998b, « Rechtliche Stellung der Medien », in Bundeszentrale für politische Bildung (éd.), *Massenmedien* (Heft 260).

*Chupin, Ivan, Hubé, Nicolas et Kaciaf, Nicolas, 2009, *Histoire politique et économique des médias en France*, Paris, La Découverte.

*D'Almeida, Fabrice et Delporte, Christian, 2003, *Histoire des médias en France de la Grande Guerre à nos jours*, Paris, Flammarion.

Der Beauftragte der Bundesregierung für Kultur und Medien (éd.), 2008, *Medien- und Kommunikationsbericht der Bundesregierung*.

Derieux, Emmanuel, avec le concours d'Agnès Granchet, 2010a, *Droit des médias. Droit français, européen et international*, Paris, LGDJ.

*Derieux, Emmanuel, avec le concours d'Agnès Granchet, 2010b, *Le droit des médias*, Paris, Dalloz.

DGMIC (Direction générale des médias et des industries culturelles), 2009, *Enquête rapide 2009 : Chiffres de l'année 2009 pour la presse écrite*.

Dieckmann, Christoph, 2005, « Deutschlands Medien und ostdeutsche Öffentlichkeit – Essay », *Aus Politik und Zeitgeschichte* 40/2005, p. 3-8.

DIPPON, Peter et GROSSE, Ernst Ulrich, 2003, « La presse quotidienne régionale en France et en Allemagne », in Grosse et Seibold (éds), 2003, p. 151-192.

*DONSBACH, Wolfgang, 1999, « Journalismus und journalistisches Berufsverständnis », in Wilke (éd.), 1999a, p. 489-517.

DONSBACH, Wolfgang, 2009, « Journalists and their professional identities », in Allan, Stuart (éd.), *The Routledge Companion to News and Journalism*, Londres, Routledge, p. 38-48.

DÖRR, Dieter et SCHWARTMANN, Rolf, 2010, *Medienrecht*, Heidelberg/München, C.F. Müller.

DUMARTIN, Sylvie et MAILLARD, Céline, 2000, « Le lectorat de la presse d'information générale », *Insee Première*, n° 753 - décembre 2000.

États généraux de la presse écrite, 2009, *Livre Vert*.

EVENO, Patrick, 2003, *L'argent de la presse française des années 1820 à nos jours*, Paris, CTHS.

EVENO, Patrick, 2008, *La presse quotidienne nationale. Renouveau ou fin de partie ?* Paris, Vuibert.

FRENKEL, Cornelia, LÜGER, Heinz-Helmut et WOLTERSDORFF, Stefan (éds), 2004, *Deutsche und französische Medien im Wandel*, Landau, Knecht Verlag.

GATTRINGER, Karin et KLINGLER, Walter, 2010, « Radionutzung in Deutschland mit leichten Zuwächsen », *Media Perspektiven*, 10/2010, p. 442-456.

GROSSE, Ernst Ulrich, 2004, « Die internationale Ausbreitung deutscher und französischer Presseverlage », in Frenkel *et al.* (éds), 2004, p. 73-103.

GROSSE, Ernst Ulrich et SEIBOLD, Ernst (éds), 2003, *Presse française, presse allemande* : études comparatives, Paris, L'Harmattan, p. 151-192.

HAAS, Marcus, 2006, « Kostenlose Pendlerzeitungen in Europa », *Media Perspektiven* 10/2006, p. 510-520.

HOLZNAGEL, Bernd, 2006, « Gratiszeitungen – ein Verstoß gegen die Pressefreiheit? », *Media Perspektiven*, 10/2006, p. 529-537.

*HUBÉ, Nicolas, 2008, *Décrocher la UNE. Le choix des titres de première page de la presse quotidienne en France et en Allemagne (1945-2005)*, Strasbourg, Presses Universitaires de Strasbourg.

IGF (Inspection générale des finances), 2008, *La situation de la presse quotidienne dans quatre pays européens : Allemagne, Espagne, Royaume-Uni, Suède*.

JUNQUA, Daniel, 1993, « La formation au journalisme en France dans le contexte européen », in Koch *et al.* (éds), 1993, p. 351-361.

KOCH, Ursula E., SCHRÖTER, Detlef et ALBERT, Pierre (éds), 1993, *Deutsch-französische Medienbilder: Journalisten und Forscher im Gespräch = Images médiatiques franco-allemandes : un dialogue entre journalistes et chercheurs*, München, Verlag Reinhard Fischer.

Köcher, Renate, 1989, « Détectives ou missionnaires. Les journalistes en RFA et en Grande-Bretagne », *Médiaspouvoirs*, 13, p. 114-127.

Kopper, Gerd, 2003, « Journalistische Kultur in Deutschland: Bestimmung kultureller Grundmuster des Journalismus in Deutschland », in Kopper, Gerd, Mancini, Paolo (éds), *Kulturen des Journalismus und politische Systeme*, Berlin, Vistas, p. 109-130.

Le Bohec, Jacques, 2005, « Les mythes professionnels actuels des journalistes français », http://metamedias.blogspot.com/2005/10/les-mythes-professionnels-actuels-des.html, page consultée le 13/08/2011.

*Le Floch, Patrick et Sonnac, Nathalie, 2005, *Économie de la presse*, Paris, La Découverte.

Le Floch, Patrick, 2008, *Les coûts de distribution par abonnement de la presse*, étude commandée par la Direction du développement des médias.

Lemieux, Cyril, 2000, *Mauvaise presse. Une sociologie compréhensive du travail journalistique et de ses critiques*, Paris, Métailié.

*Lemieux, Cyril, 2004, « De certaines différences internationales en matière de pratiques journalistiques : comment les décrire, comment les expliquer ? », in Legavre, Jean-Baptiste (éd.), *La presse écrite : objets délaissés*, Paris, L'Harmattan, p. 29-51.

Loridant, Paul, 2004, *Jusqu'où aider la presse ?*, rapport d'information de la commission des finances du Sénat.

Marchetti, Dominique, 2001, « Le "journalisme d'investigation". Genèse et consécration d'une spécialité journalistique », in Briquet, Jean-Louis et Garraud, Philippe (éds), *Juger la politique. Entreprises et entrepreneurs critiques de la politique*, Rennes, PUR, p. 167-191.

Media Perspektiven Basisdaten, 2010.

Meyen, Michael, 2009, « Das journalistische Feld in Deutschland. Ein theoretischer und empirischer Beitrag zur Journalismusforschung », *Publizistik*, 2009/3, p. 323-345.

*Meyn, Hermann, 2004, *Massenmedien in Deutschland*, Konstanz, UVK.

Ministère de la Culture et de la Communication, 2008, « Les pratiques culturelles des Français à l'heure numérique », http://www.pratiquesculturelles.culture.gouv.fr/08resultat_chap6.php, page consultée le 02/11/2011.

Möhring, Wiebke et Stürzebecher, Dieter, 2008, « Lokale Tagespresse: Publizistischer Wettbewerb stärkt Zeitungen », *Media Perspektiven,* 2/2008, p. 91-101.

Neuberger, Christoph, Nuernbergk, Christian et Rischke, Melanie, 2009, « Journalismus im Internet: Zwischen Profession, Partizipation und Technik », *Media Perspektiven*, 4/2009, p. 174-188.

*Neveu, Erik, 2003, « Beziehungen zwischen Journalismus und Politik in Frankreich: Das „Feld-Konzept“ als Ansatz für vergleichende Analyse von Journalismus-Kulturen », in Kopper, Gerd et Mancini, Paolo (éds), *Kulturen des Journalismus und politische Systeme*, Berlin, Vistas, p. 61-92.

*Neveu, Erik, 2009, *Sociologie du journalisme*, Paris, La Découverte.

Ollrog, Marc-Christian, 2007, « Subventionen bis zum Tod », *MESSAGE*, I-2007, p. 30-32.

*Papier, Hans-Jürgen et Möller, Johannes, 1999, « Presse- und Rundfunkrecht », in Wilke (éd.), 1999a, p. 449-468.

*Preisinger, Irene, 2003, « Information als Champagner oder Schwarzbrot. Wie französische und deutsche Journalisten ihren Beruf verstehen – ein Vergleich », *Dokumente*, 4/2003, p. 81-84.

Preisinger, Irene, 2004, « Das Berufsverständnis politischer Journalisten in Frankreich und Deutschland », in Frenkel *et al.* (éds), 2004, p. 23-29.

Preisinger, Irene, 2002, *Information zwischen Interpretation und Kritik. Das Berufsverständnis politischer Journalisten in Frankreich und Deutschland.* Wiesbaden, Westdeutscher Verlag.

*Pürer, Heinz et Raabe, Johannes, 2007, *Presse in Deutschland*, Konstanz, UVK.

Rebillard, Franck, 2010, « Les intermédiaires de l'information en ligne », *INAglobal*, 11/10/2010, http://www.inaglobal.fr/numerique/article/les-interme-diaires-de-linformation-en-ligne, page consultée le 24/07/2011.

Ridder, Christa-Maria et Engel, Bernhard, « Massenkommunikation 2010: Mediennutzung im Intermediavergleich », *Media Perspektiven*, 11/2010, p. 523-536.

Röper, Horst, 2004, « Zeitungsmarkt in der Krise. Ein Fall für die Medienregulierung », *Aus Politik und Zeitgeschichte*, 13/2004, p. 7-14.

Röper, Horst, 2006, « Gratiszeitungen und etablierte Zeitungsverlage. (Mögliche) Effekte eines neuen Pressetyps », *Media Perspektiven*, 10/2006, p. 521-528.

Röper, Horst, 2008, « Konzentrationssprung im Markt der Tageszeitungen », *Media Perspektiven*, 8/2008, p. 420-437.

*Röper, Horst, 2010, « Zeitungen 2010: Rangverschiebungen unter den größten Verlagen », *Media Perspektiven*, 5/2010, p. 218-234.

Ruellan, Denis, 1992, « Le professionalisme du flou », *Réseaux*, vol. 10, n° 51, p. 25-37.

Schroeder, Michael, 1993, « France-Allemagne : l'existence de deux logiques de communication », in Koch *et al.* (éds), 1993, p. 21-42.

*Schütz, Walter J., 1999, « Entwicklung der Tagespresse », in Wilke (éd.), 1999a, p. 109-134.

Toussaint Desmoulins, Nadine, 2002, « Les évolutions des systèmes de distri-bution : un enjeu majeur pour la presse de demain », in Feyel, Gilles (éd.), *La*

distribution et la diffusion de la presse, du XVIIIe siècle au IIIe millénaire, Paris, Panthéon Assas, p. 409-420.

VOGEL, Andreas, 2006, *Perspektiven von Kooperationen und Fusionen bei regionalen Tageszeitungen: Zusammenarbeit in Content-Produkten, Herstellung und Vertrieb.* Berlin, Friedrich-Ebert-Stiftung.

*VOGEL, Andreas, 2008, « Online-Geschäftsfelder der Pressewirtschaft », *Media Perspektiven*, 5/2008, p. 236-246.

*VOGEL, Andreas, 2010, « Zeitschriftenmarkt: WAZ-Grupe schließt zu dominie-renden Konzernen auf », *Media Perspektiven*, 6/2010, p. 296-315.

WAN-IFRA (World Association of Newspapers and News Publishers), 2010, *World Press Trends 2010*.

WEISCHENBERG, Siegfried et SIEVERT, Holger, 1998, « Deutsche und französische Journalisten(forschung). Probleme und Potentiale international-komparativer Studien in der Publizistik- und Kommunikationswissenschaft - ein empirisches Fallbeispiel », *Publizistik*, 43, p. 395-410.

*WEISCHENBERG, Siegfried, MALIK, Maja et SCHOLL, Armin, 2006, « Journalismus in Deutschland », *Media Perspektiven*, 7/2006, p. 346-361.

*WEISCHENBERG, Siegfried, MALIK, Maja et SCHOLL, Armin, 2011, « Das Selbstbild der Journalisten in Deutschland », in Bundeszentrale für politische Bildung (éd.), *Massenmedien*. Informationen zur politischen Bildung 309, Bonn, bpb, p. 41-43.

*WILKE, Jürgen (éd.), 1999a, *Mediengeschichte der Bundesrepublik Deutschland*, Bonn, Bundeszentrale für politische Bildung.

*WILKE, Jürgen, 1999b, « Nachrichtenagenturen », in Wilke (éd.), 1999a, p. 469-488.

WILMET, Monique et TOMAZIC-BUCHHOLD, Verena, 1995, *Vocabulaire allemand/ français, français/allemand de la communication*, Paris, Masson.

WOLFER, Michel, 2007, « Liberté de la presse et droit de la personnalité en droit allemand », in Chastagnol, Alain (éd.), *Les médias sous contrôle judiciaire ?*, Paris, Presses Universitaires de France, p. 39-48.

WOLTERSDORFF, Stefan, 2001, « Die französische Presse zwischen Globalisierungsdruck und Selbstbehauptung », in Weber, Thomas et Woltersdorff, Stefan (éds), *Wegweiser durch die französische Medienlandschaft*, Marburg, Schüren, p. 31-66.

Table des matières

3. ÉCONOMIE DE LA PRESSE

4. DISTRIBUTION DE LA PRESSE

5. PROPRIÉTÉ DE LA PRESSE ET CONCENTRATION

6. LA PRESSE QUOTIDIENNE

7. LA PRESSE MAGAZINE

8. LES ÉDITEURS FACE À LA CRISE

9. LA PRESSE EN LIGNE

10. SOCIOLOGIE DU JOURNALISME EN FRANCE ET EN ALLEMAGNE

Mise en page :
Anne Fragonard-Le Guen (34560 Villeveyrac)

Impression d'après documents fournis
bialec, nancy (France)
Dépôt légal n° 77385 - décembre 2011